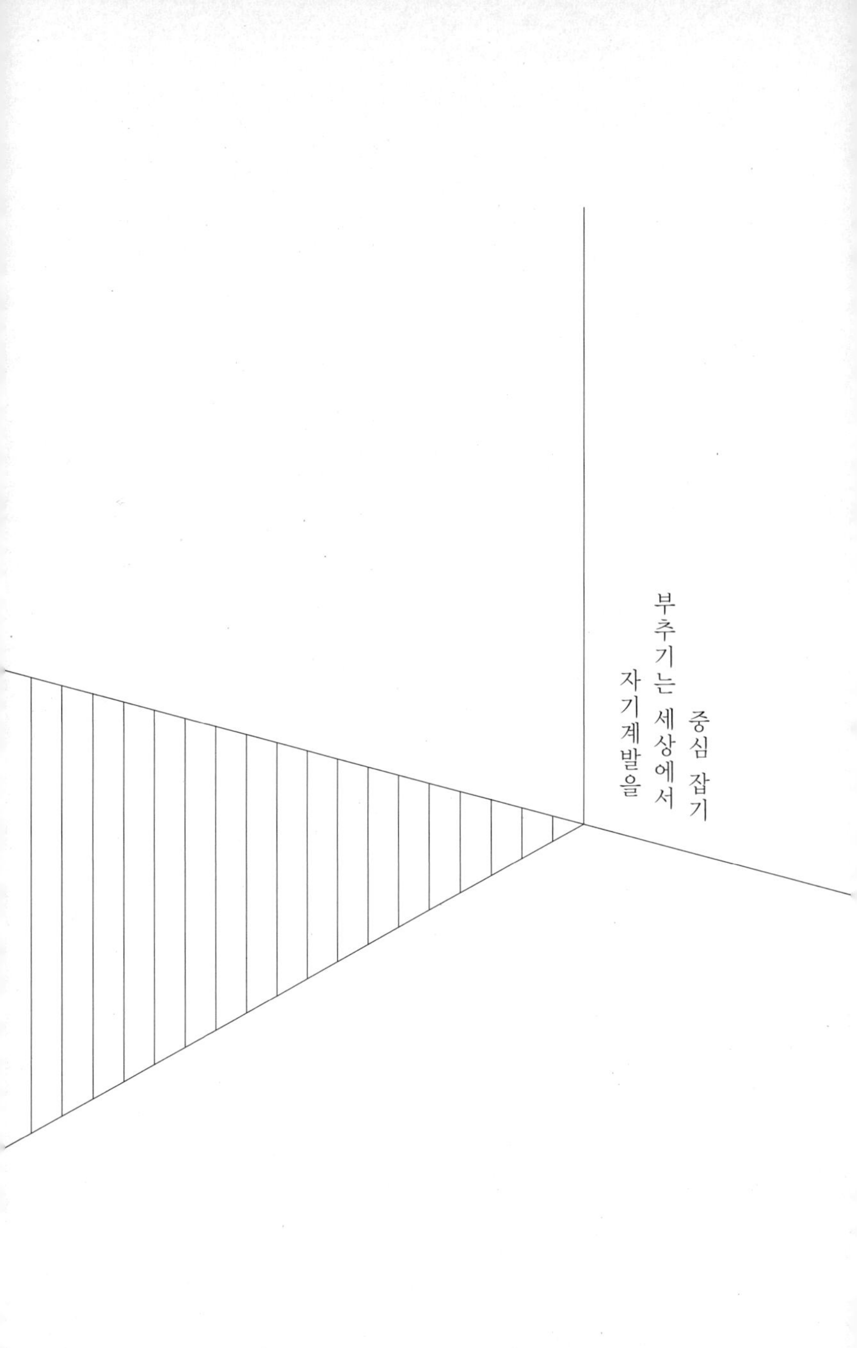
자기계발을
부추기는 세상에서
중심 잡기

THE WELLNESS SYNDROME
by CARL CEDERSTRÖM & ANDRÉ SPICER

건강 신드롬

The Wellness Syndrome

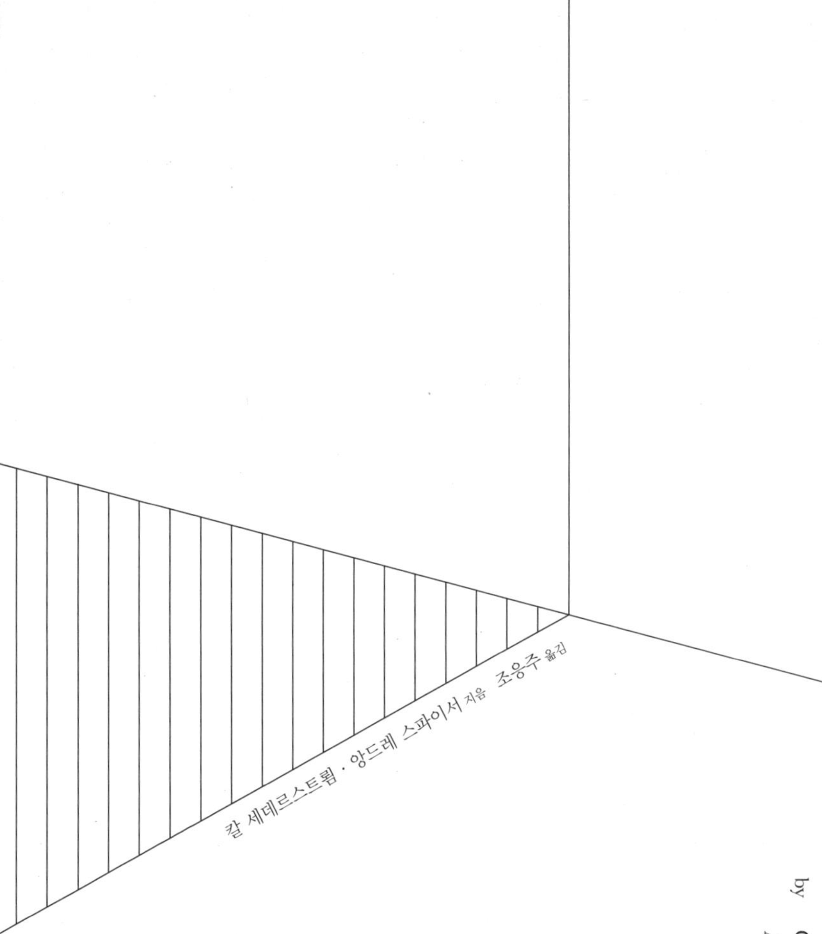

칼 세데르스트룀 · 앙드레 스파이서 지음 조응주 옮김

by Carl Cederström & André Spicer

민들레

차례

일러두기

1. 한글 전용을 원칙으로 하고, 필요한 경우에 원어나 한자를 병기했습니다.
2. 인명, 작품명, 지명, 상품명 등은 국립국어원의 외래어 표기법을 따랐지만, 이미 익숙한 경우에는 예외로 두었습니다.
3. 단행본, 정기간행물, 신문 등에는 겹꺾쇠《 》, 영화, 방송 프로그램 등에는 홑꺾쇠〈 〉를 사용했습니다.
4. 단행본의 경우, 국내 출간된 도서명을 병기했으며, 한글 번역이 안 된 책은 원제를 한글로 옮겨 적었습니다. 여러 출판사에서 출간된 번역서의 경우 출판사를 따로 밝히지 않았습니다.
5. 각주는 모두 옮긴이 주입니다.
6. 본문 중 저자가 표기한 참고문헌 출처는 본문 뒤에 실어 두었습니다.

들어가는 말

건강보다 중요한

오늘날 좋은 사람이란 육체의 나쁜 욕망을 억누르고,
육신의 나약함을 극복하고, 양심의 목소리를 따르고,
쉼 없는 기도로 지상에서의 삶을 마감할 날을 준비하는 자를
말하지 않는다. 좋은 사람이란 잘 사는 사람이다.
단 하루라도 즐거움 없이 보내는 자, 저주를 받으리라!

에르베 쥐벵, 《몸의 재림》[1]

웰니스 서약

학창 시절 사르트르와 그의 절친들은 개인의 안녕, 즉 웰니스wellness보다 더 중요한 고민이 훨씬 많았다. 그들이 섭취한 것은 좋게 보자면 다양성 면에서는 최고였다. 두꺼운 책을 끼고 살면서 변비약을 오랫동안 복용했고, 담배와 커피, 독주를 주식으로 삼았다. 부조리로 가득한 세상에는 자신의 육체적 안녕을 도모하는 것보다 훨씬 시급하고 심각한 문제들이 수두룩했다. 사르트르 패거리에게 자고로 학생이란 사유의 난잡함과 정신의 모험성에 정진해야지, 바른 먹거리 따위에 신경 쓰는 것은 시간 낭비에 불과했다.

한 세기 조금 못 미치는 세월이 흘러, 우리는 미국의 대학가에서 새로운 시류를 목도한다. 미국 전역, 수천 명의 대학생들이 웰빙 이미지에 맞춰 인생을 설계하자는 취지의 '웰니스 서약'을 권유받는다. 자신의 몸과 마음과 영혼의 발전을 위해 힘쓰는 라이프 스타일에 동의한다는 서약이다. 매사추세츠 주립대학의 '캠퍼스 웰니스 서약서'에 서명한 학생은 술과 마약 없는 라이프 스타일을 유지하기로 맹세한다. 그때부터 학생은 서약서에 언급된 '삶에 대한 전체론적 접근법'의 혜택을 입게 된다. 하지만 대가도 따른다. 공동체에 긍정적으로 기여해야 하고, 지역사회의 각종 행사에 참여해야 하며, 당연히 술이나 마약을 소지해서는 안 된다. 물론 웰니스 커뮤니티의 철학을 따라야 한다.

이러한 웰니스 서약은 대학생활의 부차적인 요소로 치부할 만한 수준을 넘어섰다. 현재 미국에서 최소 십여 개의 대학이 웰니스 서약을 시행하고 있다.[2] 대부분 약물 남용 금지를 기본 취지로 삼고 있지만, 각 대학 특유의 분위기가 더해진다. 노스다코타 주립대학의 경우, 웰니스에 폭넓게 접근하여 학생들의 사회적, 정서적, 환경적, 정신적, 지적 웰니스를 돕는다. 시러큐스 대학에서는 웰니스 서약 조항에 '지역 공원과 호수 단체 투어'가 포함되어 있고, 학생들은 영양학 시연과 강연, 명상이나 요가 같은 스트레스 완화 강습, 파르페의 밤 등에 참가한다. 더 강도 높은 웰니스 커뮤니티에 가입한 학생들은 연초에 세운 웰니스 목표를 향해 얼마나 매진하고 있는지 스스로를 철저히 모니터링해야 한다. 의욕 넘치는 어린 학생들에게 이런 활동은 바람직할 수 있다. 적어도 자식을 걱정하는 부모 입장에서는 말이다. 웰니스 서약이 해로운 쾌락주의를 방지하고, (파르페의 밤 같은 의무적이고) 대안적인 사교 활동을 장려하기 때문이다. 캠퍼스를 '연회원제 스파'로 만들어 학생들이 심신을 건강하게 가꾸도록 지도하는 게 잘못은 아니지 않은가?

당연히 문제는 이러한 프로젝트가 매우 편협한, 단 한 가지 유형의 학생을 양산하려 든다는 데 있다. 용모단정하고 오로지 건전한 사고만 하는, 그래서 사르트르 패거리와는 어울리지 못하는 그런 학생 말이다. 대학생이 되어 세상을 바꾸는 정치 실험에 참여하고, 이성의 틀을 깨려고 술에 취해보고, 불량 음식으로 건강도 망가져보고, 영혼이 피폐해질 만큼 처절한 연애도 해보는 것. 웰니스 서약서에 서명을 하면 잃게 될 경험들이다.

웰니스는 이제 단지 북미권 일부 대학생들만 추구하기로 다짐하는 목표가 아니다. 오늘날 웰니스는 현대인이 끊임없이 되뇌어야 하는 도덕적 요구가 되었다. 좋은 사람이 되려면 새로운 즐거움을 쉬지 않고 좇아야 한다는 뜻이다. 그리고 인생 자체를 '웰니스 최적화 훈련장'으로 바꿔야 한다는 뜻이기도 하다. 직원으로서 우리는 회사가 친절하게 마련해준 각종 웰빙 프로그램에 참여해야 하고, 소비자로서 우리는 자신의 웰빙을 극대화한 라이프 스타일을 스스로 기획하라는 요구에 부응해야 한다. 집안청소 같은 따분한 일도 '마음챙김

mindfulness'의 연장선으로 여겨야 한다. 심지어 빵 굽는 취미도 이제는 웰빙을 챙기는 활동으로 재해석되고 있다.

다시 말해 웰니스는 우리 삶 구석구석에 침투해 있다. 몇 십 년 전만 해도 대안적 라이프 스타일을 추구하는 소수의 전유물이던 웰니스가 이제는 주류로 자리 잡은 것이다. 우리의 일과 생활, 공부법뿐만 아니라 성생활까지 지배한다. 전혀 안 어울리는 곳까지 웰니스 열풍이 불고 있다. 미국 켄터키 주의 한 교도소 수감자들은 웰니스 프로그램을 통해 영양과 운동, 스트레스 대처법 등을 배운다고 한다.[3]

이 책의 초점이 웰니스 그 자체는 아니다. 그보다는 웰니스가 어떻게 하나의 이데올로기가 되었는지를 분석하고자 한다. 웰니스가 이데올로기, 즉 일련의 생각과 신념으로 포장됨에 따라, 사람들은 웰니스를 추구할 가치가 있는 매혹적인 것으로 받아들이게 된다. 알고 보면 자연스럽다 못해 필연적인 요소가 대부분인데도 말이다. 웰니스의 이데올로기적 요소는 자신의 육체를 제대로 돌보지 않는 사람들을 대하는 일반적인 태도에서 특히 잘 드러난다. 그런 사람들은 게으르고 미련하고 의지가 약한 집단으로 매도된다. 상식이 있는 사람이라면 당연히 피해야 할 것들을 무법자처럼 뻔뻔하게 만끽하는 '변태적 이탈자'이기 때문이다. 《건강에 반하여Against Health》에서 정신의학자 조너선 메츨Jonathan M. Metzl이 지적하듯이, "비만에 몸이 굼뜬 자들은 건강 유해물로 취급받는다. 몸이 안 좋거나 병에 걸려서가 아니라, 다른 동시대인들처럼 건강의 번지르르한 걸치레를 걸치거나 선망하고 따르기를 거부하기 때문이다."[4] 건강이 이데올로기가 되면, 그 틀에 자신을 끼워 맞추지 못한 자들은 낙인이 찍힌다. 흡연자는 단순히 자기 개인의 건강을 해치는 것을 넘어 사회 전체를 위협하는 자로 간주된다.

이 책에 다시 나올 이야기지만, 어떤 기업은 흡연을 금지하는 데 머무르지 않고 '흡연자'를 금지하는 쪽으로 방향을 잡았다고 한다. 한마디로 건강에 해로운 '활동'에서 건강에 해로운 '개인'으로 초점이 옮겨가고 있는 것이다.

이러한 이데올로기적 전환은 시장경제학적 마인드로 개인의 책임의식과 자기표현까지 왜곡시키는 현대 문화의 큰 변화로 볼 수 있다. 금연은 이제 개인의 지출을 줄이거나 기대수명을 늘리기 위해서라기보다는 자신의 시장가치를 높이기 위해서 필요한 전략인 것이다. 감정연구 이론가인 로런 벌랜트Lauren Berlant가 저술한 대로, "비만한 몸은 곧 닥칠 병마와 죽음의 광고판이다."[5]

자신의 건강을 세심하게 보살피지 않는 사람은 현대사회를 직접적으로 위협하는 요인으로 간주된다. 사회학자 데이비드 하비David Harvey의 표현대로, 현대사회는 질병을 '노동을 할 수 없는 상태'로 정의하기 때문이다.[6] 건강한 몸은 곧 생산적인 몸이다. 건강한 몸이 경기를 살린다. 행복도 마찬가지다. 직원이 행복해야 생산성이 높아진다는 전제 아래, 기업은 코칭 세션과 팀워크 훈련에서부터 최고 행복 책임자 영입까지, 온갖 방법을 고안해 직원의 행복을 증진시키려 한다. 그 결과, 윌 데이비스Will Davies의 표현을 빌리자면, 이제 "웰빙은 정신과 육체를 경제적 자원으로 평가할 수 있게 해주는 정책적 패러다임을 제공한다."[7]

웰니스 신드롬

이 책은 도덕적 의무로서의 웰니스에 초점을 맞추고 있다. 이런 주장을 해온 이론가들은 여러 명 있었지만, 사회철학자 알렌카 주판치치Alenka Zupančič만큼 수려하게 표현한 사람은 없을 것이다. 《모난 돌이 정겹다The Odd One In》에서 주판치치는 웰니스 이데올로기를 '생명도덕bio-morality'이라고 명명한다. 그 대목을 인용해보겠다.

> 부정성, 결핍, 불만족, 불행은 점점 더 도덕적 결함으로 인식되고 있다. 심지어 우리 존재 또는 생명 자체 차원에서의 부패로까지 인식되고 있다. 이름하여 (감정과 감성의 도덕까지 아우르는) '생명도덕'이 화려하게 부상하고 있는데, 이 생명도덕은 다음과 같은 근본적 이치를 설파한다. 좋은 감정을 느끼는 (그리고 행복한) 사람은 좋은

사람이고, 나쁜 감정을 느끼는 사람은 나쁜 사람이다.[8]

생명도덕은 행복하고 건강하고자 하는 도덕적 욕구다. 이는 우리에게 꽤 익숙한 논리로, 자조 운동의 핵심 개념을 떠올리게 한다. 지젝도 《잃어버린 대의를 옹호하며In Defense of Lost Causes, 그린비》에서 같은 용어를 사용한다. 지젝은 이 흥미로운 용어를 별다른 설명 없이 그대로 쓰지만, 웰니스의 도덕적 측면이 부각되는 현상을 자신의 저서 다른 대목에서 언급한 '즐기라는 초자아적 명령'의 연장선으로 보고 있는 게 분명하다. 여기서 초자아superego는 "안 돼, 그러면 못써!"라며, 엄벌만 하는 아버지 같은 초자아가 아니다. 오히려 우리에게 "재미있게 살아라. 본성을 표출하라. 인생을 즐길 기회를 놓치지 말아라!"라고 명령한다.

그러나 이 책을 읽으면서 알게 되겠지만, 이 명령은 우리가 웰니스를 도모하거나 즐거움을 만끽하도록 작동하지 않는다. 사실 정확히 무엇을 하라는 건지도 분명하지 않은 경우가 많다. 적당한 즐거움을 신중하게 추구하라는 건지, 쾌락의 끝을 향해 폭주하라는 건지 헷갈린다. 이 문제는 나중에 다루기로 하고, 지금은 우선 즐거움의 의무화가 마냥 반가운 건 아니라는 지적만 해두자. 지젝에 따르면, "즐기라는 명령 자체가 즐거움에 훼방꾼이 됨으로써, 즐기라는 초자아의 명령을 따르면 따를수록 오히려 죄책감만 커지는 역설을 낳는다."[9]

웰니스 역시 비슷하게 변질되었다. 오늘날 웰니스는 선택이 아니라 도덕적 의무다. 살면서 매순간 고려해야 하는 대상인 것이다. 웰니스는 수많은 광고와 라이프 스타일 잡지들이 앞다퉈 외치는 명령이기도 하지만, 은연중에 전파되는 경우도 많다. 그래서 이 명령이 외부에서 내려진 건지 우리 내면에서 비롯된 건지도 헷갈린다. 이것이 바로 이 책이 말하는 '웰니스 명령'이다. 즉, 이 책은 웰니스 명령의 출현을 규명하고, 나아가 웰니스 명령이 우리 인생을 어떻게 방해하는지를 분석하고자 한다. 이것이 바로 '웰니스 신드롬'이다.

옥스퍼드 영어사전은 '신드롬'에 대해 두 가지 정의를 제시한다. 첫 번째 정의는 '동시에 나타나는 여러 증상들의 집합'이다. 이 정의를 염두에 두고 웰니스 신드롬의 증상을 몇 가지만 꼽자면 불안, 자기비난, 죄책감 등이다. 이 책에서 말하는 웰니스 신드롬은 '모든 개인은 자율적이고 유능하고 의지가 강하고 끊임없이 자기계발에 힘쓰는 존재'라는 규정을 전제로 한다. 개인이 자신의 운명을 온전히 선택할 수 있다고 단정하는 것이야말로 죄책감과 불안감을 촉발한다는 게 이 책의 주장이다. 우리는 아무리 주변 환경이 불리하게 돌아가도 자기 인생은 자기가 통제할 수 있다는 생각을 주입받는다. 이는 경기불황 속에서 구직활동을 하는 사람에게도 적용된다. 이들은 경제위기를 탓하지 말고 자기 자신에게 집중하라는 주문, 취직은 결국 개인의 의지와 선택의 문제라는 조언을 들어야 한다.

선택은 보통 긍정적 개념으로 인식된다. 그러나 선택에는 "버거운 책임의식이 작용한다"는 게 사회학자 레나타 살레츨 Renata Salecl의 주장이다. 살레츨은 《선택Choice》에서 이러한 책임 의식이 "실패에 대한 두려움, 죄책감, 그리고 잘못된 선택이 낳을 후회에 대한 불안감과 결합한다"고 설명한다.[10] '기분 좋은 상태'를 뜻하는 일반적 개념에서 진실하고 정의로운 삶을 위해 '반드시 추구해야 할 무엇'이 되는 순간, 웰니스는 새로운 의미를 갖게 된다. 생활방식을 통째로 재설정해야 하는 실현 불가능한 미션이 되는 것이다. 웰니스라는 척도로 자신을 강박적으로 평가하고 끊임없이 자기계발을 위한 새로운 길을 찾아 헤매면서, 인생은 언제 살아보냐는 말이다.

육체가 내 삶의 궁극적 목표이자 새로운 절대적 기준이 되면, 주변 환경은 내게 위협이냐 치유냐 둘 중 하나가 되어버린다. 우리 몸이 내가 어디에 살지, 누구와 시간을 보낼지, 어떤 운동을 할지, 어디로 휴가를 떠날지를 결정하는 것이다. 이러한 육체에 대한 강박의 단적인 예로 입으로 들어가는 것에 대한 깊은 탐닉을 들 수 있다. 요즘 먹는 행위는 미각을 통해 일시적 쾌락을 추구하는 차원을 넘어 그야말로 편집증적인 활동이 되었다. 정체성의 시험대가 된 것이다. 올바른 식생활은 스트레스와 좌절로부터 자유로워지는 길이자 행복하고 풍요로운 삶을 '요리'하는 방편으로 간주된다. 올바른 식생활은 하나의 성취이자 우월한 생활기능의 징표다. 먹는 행위의 문화적 중요성이 커지면서, 관련 전문가 시장도 호황을 누리고 있다. 뉴에이지스러운 세련미와 과학적 연구성과가 버무려지고 경계가 흐려진 가운데, 영양학자와 스타 셰프는 사제와 동등한 지위에 등극했다. 인생의 의미를 찾지 못한 사람들에게 황홀한 미식적 경험은 인생의 의미를 대신해준다. 최근 여성 셰프 8인을 주인공으로 책을 낸 《뉴욕 타임스》의 한 음식평론가는 그 셰프들이 만들어준 요리가 "자기 목숨을 구했다"고 극찬했다.[11]

이렇듯 식생활과 요리에 쏟아지는 강박적 관심은 먹는 행위에 부여되는 의미가 새로운 차원으로 접어들었음을 시사한다. 철학자 파스칼 브뤼크네르Pascal Bruckner가 설명하듯이, "식탁은 더 이상 식도락의 제단도, 같이 밥을 먹으며 대화를 나누는 공간도 아니다." 대신 식탁은 "지방 함량과 칼로리를 계산해가며 음식을 약물 복용하듯 충실하게 섭취하는 약국 카운터"가 되었다.[12] 그동안 우리가 좇던 모든 즐거움은 이제 '웰니스 증진'이라는 단 하나의 궁극적 목표를 달성하기 위한 수단이 되어버렸다. 자신의 웰니스 계획에 포함되어 있다면 와인이나 기름진 음식도 얼마든지 허락된다. 칼럼니스트 스티븐 풀Steven Poole이 《당신이 먹는 게 곧 당신이 되지는 않는다You Aren't What You Eat, 미식 쇼쇼쇼, 따비》에서 주장하듯이, 음식은 현대인에게 이데올로기나 다름없다.[13] 푸디스트 foodist* 에게 먹는 행위는 라이프 스타일을 넘어 형이상학적 모험이다. 더 이상 정치인이나 종교인을 믿지 못하게 된 우리는 인생의 중요한 물음에 대한 해답을 스타 셰프와 영양학자에게서 찾게 되었다는 게 풀의 주장이다. 푸디즘foodism이 바른 식생활에 부여하는 중요성을 감안할 때, 올바르게 먹는 것에 너무 집착한 나머지 건강식품 중독이라는 새로운 장애가 생겨난 건 그리 놀라운 일도 아니다.

다시 사전을 펼쳐 신드롬의 두 번째 정의를 보면, '의견, 감정, 행동의 특징적 결합'이라고 나온다. 웰니스 신드롬은 육체에 대한 집착과 진정성에 대한 깊은 욕망의 특징적 결합이다. 이는 얼핏 보면 직관에 반하는 결합처럼 보인다. 육체에 집착하는 사람은 보통 얄팍한 사람으로 치부되기 때문이다. 그런데 육체를 가꾸는 노력이 곧 자아를 발전시키는 방법이라고 생각하는 사람들이 너무나 많다. 철학자 칼 엘리엇Carl Elliott이 《건강보다 건강한Better Than Well》에서 말하듯이, "프로작 Prozac•• 에서 주름 제거에 이르는 현대 의술은 이제 자기발견과 자아실현을 위한 일상적 도구로 묘사된다."[14] 개인의 건강과 진정성을 추구하는 것은 자기도취가 아니라 도덕적 의무가 되었

• 음식을 즐기는 차원을 넘어서 윤리적 혹은 이데올로기적 연구 대상으로 보는 '푸디즘 foodism'에서 파생된 말로, 잘 먹는 일에 열광하는 사람들을 가리키는 말.

•• 대표적인 우울증 치료제.

다. 계속 인용하자면, "오늘날 많은 사람들은 자아실현을 자신의 소명이라 믿고, 자기 커리어를 쌓거나 과도한 다이어트, 고된 운동으로 자기 외모를 가꾸는 데 온 힘을 쏟느라 자식을 내팽개치기도 한다".[15]

웰니스 신드롬이라는 함정에 빠지면, 우리는 철학자 사이먼 크리츨리 Simon Critchley가 말하는 '소극적 허무주의자'가 된다. "행동으로 세상을 바꾸려 하기보다는 자신에게만 집중하여, 내면의 아이를 발견하든 피라미드를 조립하든, 비관론적 에세이를 쓰든 요가나 새 관찰, 원예 같은 취미를 갖든, 자신을 더 완벽하게 만들어줄 낙이나 일에 심취하는 사람" 말이다.[16] 각자 자기 웰빙에만 몰두하는 세태는 유기농 스무디와 다이어트 앱, 요가 교실은 구경도 못 해본 나머지 사람들에게 과연 어떤 영향을 끼치는가? 자기 내면만 들여다보며 자기 몸의 신호를 우주적 진리의 그럴싸한 대용품으로 여기는 것이 진지한 세계관을 키우는 것보다 점점 더 매력적인 대안으로 떠오르고 있다.

1장　완벽한 인간

사람들은 자신의 삶을 의미 있게 개선할 희망을 잃어버리자
정신적 자기계발이야말로 가장 의미 있는 변화라고 믿게 되었다.
자신의 감정을 의식하고, 건강식품을 챙겨먹고
발레나 벨리댄스를 배우고, 동양철학에 심취하고
교감하는 법을 배우고, '쾌락에 대한 두려움'을 극복하면서.

크리스토퍼 래시, 《나르시시즘의 문화》[1]

행복 라이프 코치의 죽음

2013년 6월 3일은 브루클린 경찰에게 여느 날과 다를 바 없는 하루였다. 이웃집에서 악취가 난다는 어느 아파트 주민의 신고를 받고 출동했을 때만 해도 그랬다. 현장에 도착한 경찰은 중년 남녀로 추정되는 변사체 두 구를 발견했다. 둘은 헬륨가스를 채운 비닐봉지를 머리에 뒤집어쓰고 자살한 것으로 밝혀졌다. 안락사 찬성론자들이 '출구 봉지exit bags'라고 이름 붙인 방식이었다. 여기까지는 가끔 발생했다가 조용히 잊혀지는, 또 하나의 동반자살 사건쯤으로 보였다. 그런데 두 사람의 직업이 이야기를 반전시켰다. 46세의 린 로젠과 48세의 존 리틱, 둘 다 라디오 방송 진행자인 데다 흥미롭게도 라이프 코치라는 사실이 밝혀지면서, 둘의 죽음은 곧 국경을 넘어 보도되기에 이르렀다. 심지어 그 두 라이프 코치의 전문 분야는 '행복'이었다고 한다. 이쯤에서 대답 없는 질문이 회자되기 시작했다. 자칭 행복 전도사 커플이 도대체 왜 자살을 택했단 말인가?

로젠과 리틱이 진행한 라디오 프로그램의 제목은 〈행복을 찾아서〉였다. 둘은 변화의 가능성을 믿으라며 늘 청취자들을 격려했다고 한다. 그 프로그램에서 발췌되어 널리 퍼진 내용의 한 부분을 들어보면, 두 진행자가 "하루 한 번, 무서워하는 일을 일부러 하라"는 엘리너 루즈벨트 전 영부인의 명언에 대해 이야기를 나누는 대목이 나온다. 그렇게 해서라도 "안일함에서 벗어나는 게 아주 중요하다"는 건데, 이유는 우리 모두 변화를 편하게 받아들이는 훈련이 필요하기 때문이란다. 로젠이 녹화한 영상 강의도 있다. 강의에서 로젠은 청중에게 "늘 자기가 되고 싶었던 사람이 되려고 노력하라"고 호소한다. 로젠과 리틱은 '와이 낫 나우Why Not Now'라는 라이프 코칭 사업 운영을 통해 고객이 내적 강인함을 기르고, 미처 계발되지 못한 재능을 발견하고, 늘 살고 싶었던 인생을 당당하게 설계해 나가도록 돕는 일을 했다.[2]

'와이 낫 나우'의 주제는 자기계발서를 한 번쯤 훑어봤거나 그런 책에 나오는 애매모호한 계명을 접해본 사람이라면 모두 익숙한 것들이다. 행복해지기, 내 몸 돌보기, 긍정의 힘 기르기, 내 안의 가장 내밀한 감정을 의식하기 같은 것들 말이다. 그리고 로젠과 리틱 같은 코치야말로 그런 운동을 주창했던 주요 인물들이었다.

몇십 년 전만 해도 잘 알려지지 않았던 라이프 코칭은 이제 꽤 흔한 직업으로 자리 잡았다. 전 세계 약 4만5천 명이 라이프 코칭업에 종사하고 있고, 업계 규모는 연간 20억 달러에 이른다.[3] 라이프 코치의 출신과 배경도 매우 다양하다. 학력이 낮거나 전무한 사람도 있는가 하면, 임상심리학 박사 학위와 오랜 경력을 자랑하는 사람도 있다. 다른 분야의 전문가, 예컨대 정신분석 전문의가 라이프 코치라는 새로운 브랜드를 내세워 더 큰 수입을 올리는 것도 흔한 일이 되었다.

코칭의 큰 매력 중 하나는 누구나 코치가 될 수 있다는 점이다. 하버드 대학교처럼 이름 있는 곳에서 코칭 수료증을 수여하는 경우도 있지만, 코치 양성교육은 각종 사설기관에서 제공하는 단기 온라인 과정이 대부분이고, 매우 파편적으로 이루어지고 있는 형편이다.

요즘은 코치의 도움을 받아 직장에서 업무 성과를 올리고, 취업에도 성공하고, 개인적인 어려움도 해결하고, 집도 마련하고, 건강도 되찾고, 신과 더 가까워지는 일까지, 코칭이 적용되지 않는 분야가 거의 없을 정도다. 심지어 자신이 정말로 원하는 게 무엇인지 깨닫도록 전문적으로 돕는 이른바 '소원학자wantologist'의 컨설팅도 받을 수 있다.[4]

이 업계의 주요 협회인 국제코치연합은 코칭을 "고객과 파트너가 되어 진지하고 창의적인 프로세스를 통해 고객이 자신의 개인적 · 전문적 잠재력을 극대화하도록 영감을 불어넣는 일"이라고 정의한다. 좋은 코치는 고객을 자신의 일과 삶의 전문가로 대우하며, 모든 고객은 창의력과 지략을 갖춘 전인적 인격임을 믿어야 한다.

코칭의 가장 큰 매력은 그 영역이 무한하며 형식 또한 재미있고 실험적이라는 데 있다. 일례로 승마와 코칭을 결합한 방식이 요즘 뜨고 있는데, 말을 조교로 삼아 고객의 숨은 재능을 발굴하는 방식이다. 미국 미니애폴리스에 위치한 '위즈덤 호스 코칭'이라는 업체에서 제공하는 서비스인데, 관리자급 참가자들에게 기업연수의 일환으로 말 다루는 법을 가르친다고 한다.[5] 또 다른 독특한 코칭의 예로는 사회학자이자 라이프 코치인 마사 벡Matha Beck이 운영하는 '인간 케이지 탈출'이라는 주말 프로그램이다. 프로그램에서는 권태감에 빠진 남성 참가자들에게 야생동물 추적부터 모닥불 피우기에 이르기까지 온갖 체험을 시킨다. 예를 들어 참가자들은 자신을 동물이라 생각하고 오로지 청각으로 상대방을 찾아내는 연습도 하는데, 그게 다 "앉아서 일하는 사무직이나 과도한 스마트폰 사용 등으로 퇴화한 감각과 본능을 일깨우기 위해서"란다.[6]

방식이 천차만별이다 보니 산만해 보이긴 하지만, 모든 코칭은 특정 이념에 기반을 두고 있다. 모든 사람은 자기 내면의 잠재력을 계발할 수 있는 능력을 타고났다는 이른바 '긍정적 사고'를 계승한 이념이다. 사회비평가 크리스토퍼 래시 Christopher Lasch는 1970년대 북미사회 분석을 통해 끊임없이 자의식과 성장을 추구하던 '잠재력 깨우기' 운동과 '긍정적 사고'를 연결시켰다. 바로 이 주제가 오늘날 대다수의 라이프 코치들이 전하는 메시지다. 한 코치의 말을 빌리자면, "우리 모두는 이미 온전하고 현명하며 능력 있고 창의적인 존재"라는 것이다.[7] 또 다른 코치에 따르면 코칭이란 "자기 안의 전문가를 깨워서 목표를 달성하게 하는 것"이다.[8] 소수에 머물렀던 뉴에이지 치료사와 달리, 라이프 코치는 자신이 제공하는 서비스의 실용성과 결과지향성을 강조한다. 내적 자아를 깨운다는 개념은 그대로 살리고, 여기에다 주로 운동선수에게 적용되는 최상의 수행능력, 즉 피크 퍼포먼스 peak performance 같은 개념을 도입한 것이다. '나다워지기 위해서는 나를 발전시켜야 하고, 나를 발전시키기 위해서는 내가 세운 목표를 달성해야 한다'는 논리다. 자기탐구나 자기발견이 자아실현과 자기향상으로 비약하는 셈이다.

마사 벡에게 상담을 받던 한 고객은 인생에 대한 불안과 불만에서 벗어나기 위해 (1만 달러나 드는) 5일짜리 아프리카 코칭 여행을 떠났다. 여행에서 돌아온 그는 소아외과 전문의로서의 자기 직업이 문제가 아니라 자기 태도가 문제였음을 깨달았다고 한다. "내가 더 이상 내 일을 싫어하지 않는다는 걸

깨닫게 되었어요. 이 일이 나한테 과분하다거나 내가 실력이 없다거나 부족하다는 생각은 외부적인 문제가 아니라 내 머릿속에만 존재하는 관념이었던 거예요."[9] 마사 벡이 해준 이 조언은 앞서 등장한 브루클린의 라이프 코치 커플 로젠과 리틱의 메시지와 일맥상통한다. 둘은 라디오 프로그램을 통해 청취자에게 자기 밖에서 문제의 원인을 찾기보다는 자기 안으로 시선을 돌릴 것을 주문하곤 했다.

인간에게 무한한 잠재력이 내재해 있다는 생각은 분명 매력적이다. 나아가 우리 모두 정서적으로나 영적으로 더 나은 모습으로 발전할 수 있다는 자기계발의 이념은 매혹적이기까지 하다. 하지만 의심을 거두지 말아야 할 이유가 분명 있다. 사회학자 앨리 러셀 혹실드Arlie Russell Hochschild는 비평적 분석을 통해 코칭은 이상한 형태의 '아웃소싱'을 암시한다고 지적한다. 혹실드의 주장에 따르면, 우리는 예전에는 스스로 챙겼던 지극히 사적인 생활 영역까지 아웃소싱하고 있다. 온라인 프로필이 그럴싸하면 혹시 오프라인 만남으로 이어지지 않을까 싶어 코치를 동원해 프로필을 각색하고, 인생에서 진정 무엇을 원하는지 알아내기 위해 코치를 찾는 시대가 되었다. 이런 식으로 코치의 도움에 기대다 보면, 우리의 일상생활 자체가 전문가의 손길에 노출된다. 우리의 내밀한 생활까지 전문가에게 아웃소싱하면 우리는 더 근본적인 무언가를 잃게 된다고 혹실드는 경고한다. 끝없는 완벽 추구에 빠져서 전문가 조언을 더 많이 받기 위해 돈을 더 많이 벌려고 더 많이 일하게 된다는 것이다. 이것이 바로 코칭의 아이러니 또는 함정이다.

> 우리가 더 불안해지고 고립되고 시간에 쫓길수록, 돈을 주고 사는 개인 서비스에 의존할 가능성은 더 커진다. 늘어나는 개인 서비스를 감당하기 위해 일하는 시간을 늘릴 수밖에 없다. 결국 우리는 가족과 친구, 이웃과 함께하는 시간이 점점 줄어들면서, 아는 사람에게 도움을 청할 생각은 점점 안 하게 되고, 그들 역시 우리에게 도움 받을 생각을 하지 않게 된다.[10]

코칭에 대해 회의적일 수밖에 없는 또 다른 이유가 있다. 코칭은 우리의 내밀한 생활까지 '셀프 인증'된 전문가에게 아웃소싱하게 만들 뿐 아니라, 책임의 '인소싱'까지 유도한다. 대부분 라이프 코치들이 건네는 조언의 핵심 메시지 중 하나는 내 인생과 내 웰빙은 내가 책임져야 한다는 것이다.

그런데 그 메시지를 뒤집어보면, 관계를 망치든 실직을 당하든 중병에 걸리든, 내가 겪는 모든 문제는 결국 내 탓이라는 말이기도 하다. 웰니스는 선택의 문제다. 내가 선택하는 것이므로 내가 책임져야 하는 것이다. 머릿속을 떠나지 않는 이 책임의식은 강한 불안을 낳는다. 코치가 하는 일은 그 불안을 일시적으로 지연시키는 것이라고 레나타 살레츨은 지적한다. 코치와 상담을 하는 동안 우리는 불안감을 일부 덜어 낸다. 그런데 코치는 우리를 올바른 길로 인도하는 권위주의적인 아버지의 모습이 아니다. 살레츨에 따르면 코치는 절대로 복종을 강요하는 권위주의자처럼 보이거나 행동해서는 안 된다. 코치는 고객이 조언을 듣기 위해 자발적으로 선택한 '자상한 조력자'여야 한다.[11] 코치의 또 다른 면이 드러나는 대목이다. 이때부터는 더 이상 코치가 고객의 불안을 지연시키기보다는 고객을 선택의 폭압 속으로 다시 밀어넣는다.

코치들 사이에 통용되는 상담 기법 중 하나는 고객에게 이런 식의 질문을 하는 것이다. "금전적 문제를 포함해 아무런 장벽이 없다고 가정한다면, 십 년 후 당신의 인생은 어떤 모습일 것 같습니까?" 이런 질문은 코칭 받는 사람을 판타지 게임 속으로 끌어들인다. 그러나 열이면 아홉 그 게임은 곧 잔인한 게임으로 바뀐다. 개인의 판타지 실현을 가로막는 유일한 장벽은 결국 자신밖에 없다는 깨달음(?)을 코치가 유도하기 때문이다.

개인에게 불안을 다시 떠안게 함으로써 코치는 선택의 트라우마를 해소해주기는커녕 증폭시킨다. 이것이 라이프 코칭 이데올로기의 본질이다. 살레츨의 주장에 따르면, 코칭은 존재론적 위기나 불안이 그저 의지박약이나 자신감의 위기에 불과하다고 우기는 것이다.[12] 외부의 권위가 부재한 가운데, 자신을 통제할 책임은 개인이 질 수밖에 없다. 사라진 권위주의적 아버지상은 다른 얼굴을 하고 나타난다. 콧김을 뿜으며 성난 목소리로 호통치는 아버지가 아닌, 우리 뇌에 박힌 보이지 않는 존재로 말이다. 이 존재를 다루기가 힘든 이유는 결코 우리를 가만히 놔두지 않기 때문이다. 이 보이지 않는 존재에 대한 분노와 울화가 치밀수록 우리는 결국 더 심하게 자신을 닦달하게 된다.

크리스토퍼 래시도 비슷한 지적을 한다. 그는 1960년대 (베트남 전쟁, 워터게이트 스캔들 등에 따른) 정치적 혼란기 이후 많은 사람들이 가부장적 모습을 드러낸 정치나 기성제도에 등을 돌리면서 그 대신 개인이 할 수 있는 일에 몰입하기 시작했다고 말한다. 그래서 서두의 인용문대로, 발레나 벨리댄스를 배우고, 동양철학에 심취했던 것이다. 하지만 그런다고 더 편안하고 너그러운 삶이 허락되는 건 아니다. 오히려 냉정하고 가혹한 초자아의 기세를 북돋운다는 게 래시의 지적이다.[13] 결국 자아도취와 가혹한 자기혐오는 동전의 양면인 셈이다.

여기서 래시가 말하려는 것은 힐링 문화가 주관적 불안의 문제를 다루기보다는 나르시시즘이라는 불에 기름을 붓는다는 점이다. 타인에 대한 관심도 내 자신을 이해하는 데 얼마나 도움이 되느냐에 따라 결정된다. 360도 피드백을 받는 것도 타인의 의견을 종합해 자기계발의 재료로 쓰기 위해서다. 지독히 고독한 세상에서 우리는 온갖 이상과 자기 이미지에 둘러싸여 살아간다. 더 큰 문제는 자신과 맺은 친밀한 관계는 결국 폭력으로 치닫는다는 것이다. 지젝이 《까다로운 주체The

Ticklish Subject, 도서출판 b》에서 지적하듯이, "성공이나 육체적 건강미 같은 상상 속 이상은 많은 경우 자기 공격으로 이어진다. 나는 사회를 넘어선 존재로서 완벽한 이미지로 자신을 다듬을 능력을 지녔다는 환상이 맹수 같은 초자아를 소환하는 것이다."[14] 이 초자아는 특별한 유형의 초자아로서, 이건 해도 되고 저건 하면 안 된다고 훈계하는 초자아가 아니다. 라이프 코치처럼, 난 더 많이 해낼 수 있다, 더 나아질 수 있다, 더 나다워질 수 있다고 주문을 거는 초자아다. 그렇게 격려를 쏟아 내는 동안에도 초자아는 실망감을 내비치며 더 잘할 수 있었다고 끊임없이 지적한다. 지젝의 설명을 들어보자.

> 극도의 나르시시즘에 빠진 주체가 있다. 그런데 나르시시즘의 자기감옥은 방해받지 않는 균형 속에서 주체가 자유롭게 떠다니게 해주기보다는 즐기라는 초자아적 명령에 휘둘리도록 방치한다.[15]

우리에게 인생을 즐기라고 권하는 이 포스트모던한 초자아의 말을 자세히 들어보면, 그 메시지가 진정성이 없다는 것을 알 수 있다. 오히려 아이러니가 가득한 명령이다. 즐거움이란 결국 실현 불가능한 목표, 특히 명령할수록 더 멀어질 수밖에 없는 목표라는 것을 초자아도 알기 때문이다. 그럼에도 우리는 바로 이 명령에 일상적으로 노출되어 살고 있다. 자기계발서를 펼쳐도, 직장에서 협동심 강화 훈련에 참여해도, 어딜 가나 즐기라는 명령을 듣는다. 우리는 왜 실망스러운 결말이 예고되었는데도 이토록 간절하게 즐거움을 갈구하는 것일까? 어쩌면 우리는 더 큰 즐거움을 찾는 게 아닐지도 모른다. 그저 모나지 않게 살려는 것일지도 모른다. 코칭을 받은 자아, 자기 인생의 선택은 오롯이 자기가 책임져야 한다고 배운 자아야말로 오늘날 자본주의의 모순된 요구에 부합하도록 최적화된 자아라는 점을 우리는 이제 인정해야 한다.

오늘날 자본주의는 우리에게 외향적이면서도 자기성찰적이고, 유연하면서도 집중력이 높고, 적응이 빠르면서도 개성이 뚜렷하길 요구한다. 다시 말해 코칭은 사실 사람들의 웰빙지수를 높여주거나 인생을 더 즐기는 방법을 가르쳐주는 게 아니라, 원하는 모습으로 자아를 '고치는' 기술인 것이다. 그럼 지금부터 그 메시지를 적극적으로 받아들여 최상의 수행능력과 유연성, 혁신으로 무장하라는 요구에 완전히 부응한 인간상을 만나보겠다. 이름하여 현재형 인간이다.

'뭐든 다 하는' 현재형 인간

역사적 시대마다 그 시대의 완벽한 인간상이 있다. 현대 자본주의도 예외가 아니다. 오늘날 완벽한 인간상은 2013년 호주 오픈 테니스 대회에 맞춰 방송된 한 텔레비전 광고에서 만날 수 있다. "나는 뉴에이지 남성. 나이를 가늠할 수 없지만 나이 차별은 하지 않는다." 옅은 수염 위로 섹시한 눈빛을 발산하는 남성이 이렇게 말문을 열며 현대적 도시의 카페 거리를 자신 있게 활보한다. "자유롭게 돌아다니고 자유로운 영혼과 자유의지를 가졌지만… 목줄을 차고 있다." 자의식 강하고 자유를 사랑하면서도 친환경 의식까지 갖춘 개념남이다. "나는 한계도 밀고, 문도 밀고, 유모차도 밀고, 다 잘 민다." 캐주얼한 차림에 머리는 짧고 남성용 가방을 멘 그는 자기소개를 계속한다. "나는 바지를 입고, 로션을 바르고, 비난도 감수한다. 그래도 끄떡없다." 그는 사회적 동물로서 늘 네트워킹하며 항상 바쁘게 움직인다. "나는 트윗하고 포스팅하고 호스팅하고 공유하고 링크 걸고 '좋아요'를 누른다." 그는 최상의 수행능력을 지닌 시인이자 경영자이자 컨설턴트이면서 인생의 사소한 즐거움도 소중히 여길 줄 안다. "나는 집 꾸미기를 좋아하고, 살림도 잘하고, 집에서 이웃과 파티도 즐기고, 지금은 개집을 치우고 있다. 나는 바비큐 좋아하는 육식주의자이자 소시지 굽고 새우 까는 샐러드 애호가." 한마디로 그는 현재형 인간이다. "나는 인터내셔널, 인터커넥티드, 인터컨티넨탈… 아무튼 '인터' 들어간 건 뭐든 다 한다."

그렇게 준비된 자기 홍보 멘트를 마치며 뉴에이지 남성은 목적지인 자기 차 앞에 도착한다. 그리고는 차를 타고 사라진다. 차는 소품에 불과하다. '뭐든 다 하는' 현재형 인간의 다른 필수품으로 대체해도 무방하다. 이 광고의 상품은 특정한 자아상이다. 유연하고 능동적이며 끊임없이 변화를 추구하는 자아.

그런데 고도로 개인화된 동시에 네트워킹된 이 자아상은 남성들의 전유물이 아니다. 여성도 그렇게 될 수 있다. 같은 광고에 등장하는 현재형 인간의 여성 버전도 만나보자. "나는 이 시대를 대표하는 여성. 늦는 법이 없다. 늘 시간에 쫓긴다." 그녀는 〈섹스 앤 더 시티〉 스타일의 페미니스트로서 커리어에 대한 욕망을 부끄러워하지 않는다. "나는 승진을 원한다. 올 나간 스타킹을 신은 채. 기다리지 못한다. 기다릴 시간이 없다." 그녀는 성적 매력도 자본으로 활용할 줄 알지만 맛있는 케이크는 사양하지 않는다. "나는 살이 찐다. 살을 뺀다. 치마를 입는다. 바지도 입는다. 힐도 신는다. 지칠 때까지 논다." 현재형 인간의 남성 버전과 마찬가지로 그녀 역시 늘 연결되어 있다. "나는 문자를 보내고 타자를 치고 이모티콘을 날린다." 그러나 가장 중요한 것은 세상으로부터 그 무엇도 숨기지 않는다는 것이다. "나는 속으로 삭이지 않는다. 다 분출한다."

이 초현대적 인물들은 단지 인간의 잠재력을 최고치로 끌어올리는 데 그치지 않았다. 그 잠재력을 분출하는 방법까지 터득했다. 이들은 언제든 무엇이든 모두 다 될 수 있다. 직장생활과 가정생활을 구분하지 않는다. 이들은 공산주의적 자본주의자, 여성주의적 여성 혐오자, 동성애적 동성애 혐오자, 가정적인 출세주의자가 될 수 있고, 슬로푸드처럼 만든 패스트푸드가 취향인 채식주의자적 육류 애호가도 될 수 있다. 괴롭게 양자택일할 필요가 없다. 무엇이든 언제든 가능하다.

현재형 인간은 이른바 자본주의의 새로운 정신의 산물(또는 증상)이다. 자본주의의 새로운 정신에 대한 정의는 잠시 미뤄두고, 그것이 얼마나 최근 경향인지부터 살펴보자.

불과 반세기 전만 해도 자본주의 문화는 전혀 다른 모습이었다. 그 모습을 단적으로 보여주는 것이 당대의 표상이 된 1955년 존 브랙John Brack의 명화 〈오후 5시 콜린스가〉이다. 호주 대도시의 직장인들 모습을 그린 이 유명한 그림은 우리에게 꽤 낯익은 풍경이다. 지친 사무직 노동자들이 마침내 하루 업무를 마치고 거리로 쏟아져 나와 귀갓길에 오른다. 침울한 표정과 지저분한 색채의 사람들은 모두 한곳을 향하고 있다. 사무실에서 기차역으로 가고 있는 것 같다. 얼굴마다 얼핏 개성이 보이긴 하지만, 전체적으로 풍기는 인상은 관료주의라는 거대한 기계의 박자에 맞춰 행진하는 단조로운 군중이다. 그들의 눈동자에는 주체성의 불씨가 없다. 자아실현의 판타지를 꿈꿀 여유도 없다. 다시 오늘날의 경쾌한 힙스터이자 출세주의자에게로 눈을 돌려보자. 이들에게는 무미건조한 군중 속에서 개성을 잃고 돋보이지 못하는 것만큼 두려운 일은 없을 것이다. 이들은 최고의 유연성을 자랑하는 신세대 노동자로서, 순응하는 자아가 아닌 경쟁하는 자아의 집합체다. 게다가 더 이상 직장과 가정을 구분하며 오가지 않는다. 가정과 직장이 혼합된 유동적 환경 속에 놓여 있다. 이들은 외로운 군중이 아니라 서로 연결된 외톨이 개인주의자들이다. 이들이 목숨 거는 건 관료(주의)bureaucrat가 아니라 진정성authenticrat이다.

묘사한 두 이미지는 극명하게 대비되는 자본주의의 두 정신을 포착하고 있다. 〈오후 5시 콜린스가〉는 포디즘적 자본주의 정신 아래의 삶을 그리고 있다. 상대적으로 부유하고 효율적으로 조직된, 표준화된 관료 집단의 삶 말이다. 그들에게는 직장이라는 곳이 있고 집이라는 곳이 있다. 그들은 확실함이 주는 안정을 누리며 비슷한 경험을 공유한다. 그러나 매일 오후 5시가 되면 어김없이 콜린스가로 지친 발걸음을 옮기는 월급쟁이의 삶을 누리기 위해 포기한 것도 있다. 바로 개성과 진정성이다. 직장과 집을 오가며 형성된 반복적 리듬은 환멸과 권태의 감정을 일으킨다. 포디즘적인 삶은 안전하고 확실할진 몰라도 지루하기 그지없다. 현재형 인간은 다르다. 이들은 자기만의 정체성 드라마의 주인공이 되어 직장과 인생, 사랑과 쾌락의 거대한 불확실성 속에서 동분서주하며 파란만장한 삶을 산다.

사회학자 뤽 볼탄스키Luc Boltanski와 이브 치아펠로Eve Chiapello는 《자본주의의 새로운 정신The New Spirit of Capitalism》에서 인간상의 변천사를 심층 분석한다.[16] 우리는 어쩌다 유연성, 유동성,

연결성, 자기표현 같은 특성에 그토록 집착하게 되었을까? 무엇이 그 특성을 그토록 매력적인 덕목으로 만들었을까? 볼탄스키와 치아펠로는 1930년대 대공황과 그 후 사회를 지배하던 불안에서 포디즘적 자본주의의 기원을 찾는다. 당시 여러 운동이 '안정'이라는 하나의 새로운 사회적 요구를 중심으로 결집했고, 그 안정이 효율성, 생산성, 합리성과 결합하여 포디즘 정신의 뿌리가 되었다. 그리고 그 가치를 〈오후 5시 콜린스가〉가 담아낸 것이다.

물론 그 가치들은 보편적이지 않았다. 포디즘을 비판하던 사람들은 포디즘이 고독하고 고립된 인간, 자신의 욕망이 무엇이었든 그 욕망으로부터 완전히 단절되어버린 인간을 낳았다고 주장한다. 포디즘 아래에서 사람들은 천편일률적인 패턴에 따라 안전하게, 효율적으로, 영혼 없이 살다 죽는 운명에 처한다.

1960년대 후반에 이르러 포디즘에 대한 분노가 점점 거세졌다. 사람들은 단순한 안정 그 이상의 것, 예컨대 의미, 진정성, 자기표현, 인간 사이의 진정한 교감 등을 요구하기 시작했다. 한마디로 포디즘의 구속으로부터 탈출을 갈망하기 시작한 것이다. 볼탄스키와 치아펠로는 이러한 요구가 나중에 새로운 세대의 경영 용어로 차용되었다고 주장한다. 과거 운동권의 구호로만 사용되던 단어들이 이제는 직장에서 쓰이는 일반 용어가 된 것이다. 창의적 업무, 유연한 프로젝트, 네트워크형

조직, 선각적 리더십, 심도 있는 소통, 해방적 경영 등 자본주의의 새로운 정신이 도래하면서 일은 전혀 다른 모습으로 바뀌게 되었다. 일은 더 이상 지루하거나 소외감을 불러오거나 비인간적인 것이 아니라, 미개발된 자신의 가능성을 탐색하고 개성을 표출할 수 있는 통로가 된 것이다. 자본주의에 대한 예술가들의 비판, 즉 기업은 우리의 진정성을 죽인다는 비판을 이제는 오히려 기업들이 흡수하여 새로운 문화적 이상으로 포장한다. 그 과정에서 창의력, 기업가적 자질, 반문화적 기질을 어느 정도 인정받은 예술가들이 일부 동원되기도 한다.

오늘날 이러한 예술적 이상은 곳곳에서 발견되는데, 가장 가시적으로 나타나는 분야가 창조적 산업이다. 밀레니엄의 시작과 함께 붐을 일으켰던 IT 벤처업체들이 제품 및 서비스 개발 못지않게 공들인 부분은 반문화적 세련미 넘치는 기업 이미지를 구축하는 것이었다. 주로 용도폐기된 창고에 회사를 차리고 디자이너 가구를 들여놓고 스케이트보드를 타고 다니는 반항아 같은 직원들로 회사를 채웠다. 구글이 창립되기 훨씬 전 이야기다. 그런데 이런 세련미 넘치는 문화는 과로의 문화이기도 하다. 칼럼니스트 앤드루 로스Andrew Ross는 전설적인 1세대 IT 벤처업체 '레이저피시Razorfish'에 관한 회상에서 회사가 일과 생활 사이의 경계를 제거함으로써 직원들을 밤낮없이 회사에 묶어두었다고 말한다. 로스는 이 전략을 '괴짜 착취geeksploitation'라고 부른다.[17]

레이저피시는 닷컴 버블의 붕괴와 함께 사라졌지만, 당시 생겨난 이색적 직장 문화는 살아남았다. 요즘 그런 직장으로 손꼽히는 곳 중에는 사무실에 계단 대신 미끄럼틀을 설치한 '레드불' 런던 지사도 있고, 트레일러를 개조한 '홈오피스'도 있다.[18] 자본주의의 새로운 정신에 부응해 생겨난 이런 사무실에는 별나다는 것보다 더 두드러진 특징이 있는데, 바로 위계에 대한 경멸이다. 최근 제일 많이 회자되는 별난 회사는 라스베이거스에 본사를 둔 신발 브랜드 '자포스Zappos'다.

2013년 말, 자포스는 '홀라크라시holocracy'•를 추진하겠다고 발표했다. 전통적 관리자 체계와 직급을 모두 없애고 4백 개의 '자기 관리 써클'을 만들었다. 바뀐 기업 문화에 부합하는 자세의 인재를 찾기 위해 자포스 면접관은 채용 희망자들에게 "자신의 괴짜 기질에 점수를 매긴다면 10점 만점에 몇 점인가?" 같은 질문을 한다. 한 인사 책임자는 "자포스 대표와 면접 도중 보드카를 세 잔이나 들이켰다"고 한다.[19] 자포스 대표의 마흔 번째 생일을 맞아 직원들이 단체로 시내에 가서 똑같은 문신을 했다는 괴소문도 있다.

그런데 사실 현대의 고용 조건과 예술가의 공통점은 불안정성이다. 자본주의의 새로운 정신이 창출한 일자리는 개성을

• '전체'를 뜻하는 그리스어 holos와 '통치'를 뜻하는 cracy가 합쳐진 말. 모든 구성원이 동등한 위치에서 업무를 수행하는 제도를 가리킨다.

중시할지는 몰라도 안정과는 거리가 멀다. 칼럼니스트 아이버 사우스우드Ivor Southwood는《멈추지 않는 관성Non-Stop Inertia》에서 불안정한 고용관계가 최고임원과 생산성 컨설턴트들이 외면하는 대기업의 치부가 되었다고 지적한다.[20] 직원들은 다음 달, 다음 주, 심지어 몇 시간 후의 고용도 기약할 수 없다. 어떤 직원은 회사에서 호출하면 언제든지 업무에 투입되도록 항시 대기해야 하는 '제로 아워zero hour' 계약직이다. 게다가 업무가 언제든 예고 없이 취소될 수 있다는 조건도 수용해야 한다.

사우스우드는 비정규직 노동자의 삶을 분석하면서 돌봄, 청소, 창고 정리 등 자신이 했던 일들을 나열한다. 그 다양한 일자리의 유일한 공통점은 언제든 사전 통보 없이 고용이 취소될 수 있다는 점이었다. 한 창고에서 일하던 시절, 사우스우드는 자기가 언제든 해고될 수 있다는 사실을 깨달으면서부터 매순간 '지금 잘리나?' 하고 속으로 묻고 있는 자신을 발견했다고 한다.[21] 그는 자신이나 동료들이 하나같이 느꼈던 감정을 이렇게 묘사한다. "우리는 그 회사를 증오했고 회사가 상징하는 모든 것이 꼴도 보기 싫었다. 하지만 그곳에서 '해방'되어 경제적 진공 상태로 다시 내던져지는 것은 더 끔찍했다. 또 일자리를 찾아 헤매면서 잠재적 고용주들을 상대로 내가 얼마나 열성적이고 고분고분하고 유연한지 무차별적으로 홍보해야 했기 때문이다."[22] 사우스우드의 지적에 따르면, 고용관계가 불안한 노동자는 늘 존재론적 취약성을 안고 사는 것도 모자라, 잔인한 운명의 아이러니를 겪을 수밖에 없다. 불안정한 상황에 처해 있는데도 불안감을 숨긴 채 자신 있고 쾌활하고 고용 자격이 충분한 사람으로 자신을 포장해야 하기 때문이다.

이 시점에서 현재형 인간으로 돌아가보자. 현재형 인간은 단지 새로운 자본주의 문화의 원형으로만 존재하는 것이 아니다. 현재형 인간은 우리 모두가 살아남기 위해 닮아야 하는 인간상인 것이다. 우리는 끊임없이 움직여야 한다. 트윗하고 포스팅하고 호스팅하고 공유하고 링크 걸고 '좋아요'를 누르며 살아야 한다. 유연한 노동자는 마르지 않는 우물이 되어야 한다. 중요한 것은 내가 무엇을 성취했느냐가 아니라 내가 무엇이 될 수 있느냐다. 인정받아야 하는 것은 내 잠재적 자아이지 내 실제 자아가 아니다.

우리가 흔히 간과하는 것은 진정성, 긍정, 자기표현 등이 자포스나 구글의 소수 직원들에게만 요구되는 게 아니라는 사실이다. 그런 요구를 받는 대다수의 사람들은 사실 다른 분야에서 일한다. 창고에서, 병원에서, 평범한 사무실에서. 그리고 실업자들마저 그런 요구를 받는다(이 부분은 4장에서 다룰 예정이다). 희망찬 셀프 코칭 용어가 넘쳐나는 상황과 고용불안이 깊어지는 상황은 양립 불가능해 보인다. 그런데 그 두 상황의 교차 지점을 완벽하게 포착한 관찰 다큐멘터리가 있다. 호주 사우스웨일즈의 스완시라는 도시를 배경으로 한 〈콜센터〉는 높은 실업률을 비롯한 각종 사회문제에 시달리는 이 도시의 젊은이들이 어떻게 직장에서 자기표현을 강요당하는지 보여준다. 콜센터 관리자 빅 네브는 '행복한 사람이 장사도 잘한다'는 사훈에 따라 처음 출근한 신입사원들을 집합시켜 단체로 노래를 부르게 한다. 신입사원들은 미친 듯이 합창한다. 노래 부르기를 거부하다가 빅 네브한테 찍혀 해고된 직원이 있었다고 들었기 때문이다. 불안정한 고용관계의 핵심에는 모든 선택은 개인이 하는 것이라는 비정한 논리가 숨어 있다. 우리는 외모도 친구도 일도 다 스스로 선택하는 것이라는 말을 끊임없이 들으며 산다. 긍정적 사고와 생산성 향상, 네트워크 접속 상태 모두 선택의 문제라는 것이다. 비정규직 역시 고용주뿐만 아니라 (이상하게도) 피고용인을 위해 선택의 폭을 넓히는 방법으로 포장된다.

살레츨에 따르면, 이러한 항시적 불안정성은 우리로 하여금 목표를 세워 인생을 기획하고, 장기투자를 하고, 유연성을 키우고, 인생을 구조조정하고, 이윤을 극대화하기 위해 위험을 감수하는 등 마치 '기업처럼 행동하게' 만든다.[23] 이 모든 상황은 우리에게 나는 어떤 사람이고 무엇을 원하는지에 대해 끊임없는 선택을 요구한다. 나아가 우리가 잘못된 판단을 내릴 수도 있다는 암시적 메시지도 내포한다. 이렇게 늘 선택을 강요받는 상황은 깊은 불안을 초래한다는 게 살레츨의 주장이다. 누구나 자신의 처지를 바꿀 수 있다. 선택만 달리한다면 말이다. 이런 의식 상태는 일종의 존재론적 공백을 발생시키고, 그 공백은 우리를 공황 상태로 몰아넣는다. 우리는 선택의 폭압 앞에 무너지는 것이다. 치즈를 고르는 일상에서부터 진로나 배우자를 고르는 중대사에 이르기까지, 우리는 매순간 선택의 폭압에 노출된다. 선택이라는 개념의 절대적 우연성과 결정 불가능성은 우리에게 공포로 다가온다. 그리고 그보다 더 큰 공포는 어떤 결정을 내리든 (설사 누군가 나 대신 내려준 결정이라도) 그 책임은 우리가 진다는 사실이다. 그래서 일이 잘못되면 우리는 자신을 탓할 수밖에 없다. 가능성으로 존재하는 수많은 자아 중 선택해야 하는 현재형 인간 역시 불안에 시달린다. 앞서 소개한 광고가 산만하고 앞뒤가 안 맞는 것은 어찌 보면 당연하다. 현재형 인간은 늘 흐름을 타고 있다. 불안의 흐름을.

현대사회의 만병통치약,
마음챙김

구글 본사인 캘리포니아 구글플렉스에서 진행되는 최고 인기 강좌는 프로그래밍도 리더십도 회계학도 아니다. 구글 엔지니어들을 위한 '마음챙김mindfulness' 강좌다. '내면 검색'이라는 제목의 이 강좌를 수강한 직원이 강좌 개설 이래 1천 명을 넘어섰다. 이 강좌를 만든 사람은 마흔한 살의 전직 소프트웨어 엔지니어 차드 멩 탄Chade-Meng Tan으로, 공식 직함은 '유쾌한 친구'라고 한다. 탄은 그의 책《너의 내면을 검색하라Search Inside Yourself, 알키》에서 수강생의 정서지능을 높임으로써 자신을 '최적화'하도록 돕는 것을 강좌의 목표로 소개한다.[24] 자신의 몸이 보내는 신호에 귀를 기울임으로써 수강생은 자기 감정을 '최고의 해상도'로 인식하는 능력을 기르게 된다. 그 과정에서 직관력을 갈고 닦아 예지력에 이를 수도 있다. "우리는 전문가가 필요합니다. 그 전문가는 바로 당신입니다. 이 강좌는 당신이 이미 아는 것을 발견하도록 돕는 과정이 될 겁니다."[25] 탄이 수강생들에게 하는 약속이다. 탄은 수강생들에게 자신의 내면을 들여다보게 한 다음, 라이프 코칭에서 통용되는 일련의 과제를 수강생들에게 내준다. 수강생에게 자신이 가장 소중히 여기는 세 가지 가치를 말하게 하거나 미래의 자기 모습을 떠올리고 7분 동안 글로 묘사하게 하는 식이다. 또 다른 예로는 2분 동안 호흡에만 집중하는 과제도 있다. 탄은 "호흡에 집중하는 것만으로도 지속가능한 행복에 이를 수 있다"고 말한다.[26]

마음챙김은 세계적으로 인기를 끌며 하나의 산업으로 발전해왔다. 마음챙김 앱도 개발되고, 마음챙김과 관련된 훈련과정, 코칭, 심지어 과학연구도 생겼다. 마음챙김 업계에서는 주기적으로 행사를 주최하는데, 유명 강사를 초청하고 신생업체에게 제품 시연 기회를 제공하는 '위즈덤 2.0' 컨퍼런스가 그 예다. 마음챙김은 실리콘 밸리의 컴퓨터 프로그래머나 뉴에이지 기업가들만 열광하는 유행을 넘어선 지 오래다. 최근에 마음챙김 기법을 도입한 의외의 조직은 미국 해병대인데, 여기서는 '마인드 피트니스 트레이닝'이라는 기법을 활용하여 전장에서 돌아온 군인들의 외상후 스트레스와 자살률을 줄이는 게 목표라고 한다. 캘리포니아 소재의 캠프 펜델톤에서 해병 160명은 침묵 속에서 호흡을 포함한 자신의 신체 감각에 집중하면서 정신을 한곳으로 모으는 훈련을 거친 후, 비명소리와 폭발음이 난무하는 아프가니스탄 마을을 재현한 곳에 투입되어 새로 배운 마음챙김 기술을 실습한다.[27]

마음챙김의 핵심 기법은 수천 년 동안 전수되어왔다. 마음챙김 관련 서적 대부분이 그런 유구한 역사적 뿌리를 강조한다. 불교나 기독교 신비주의에 대한 언급도 빠지지 않는다. 그런데 현대판 마음챙김의 고유한 특징은 포장 방법에 있다. 오늘날 마음챙김은 동양의 심령론, 자기계발, 뇌과학, 기술 숭배, 포스트모던 경영학 용어 등을 버무린 이상한 혼종으로, 요즘 기업 문화 특유의 캐주얼 스타일로 전달된다. 《너의 내면을 검색하라》 같은 책에서도 티베트의 지혜를 논하다가 MRI 촬영을 동원한 이중맹검double-blind• 임상실험으로 아무렇지 않게 넘어간다. 이것이 마음챙김의 매력이다. '나의 생산성 높이기'라는 뚜렷한 목표도 있고, 보다 깊고 영적인 자아에 접근할 수 있을 뿐만 아니라 과학적 근거까지 갖췄다.

하지만 《허핑턴 포스트》 기사의 지적처럼, 마음챙김 예찬론자들은 종종 근거 없는 주장을 내세운다.[28] 물론 마음챙김이 개인의 스트레스와 불안을 줄이는 데 도움이 된다는 증거가 없지는 않다. 그러나 그 이상의 주장은 근거가 충분하지 않아 보인다. 예를 들어 마음챙김이 업무의 효율성을 높이고 결근을 줄이고 팀워크, 커뮤니케이션 능력 같은 '소프트 스킬'을 키워주고, 보다 인간적이고 자애롭고 지속가능한 조직 문화를 가져온다는 주장을 뒷받침할 만한 강력한 증거는 없다. 마음챙김 관련 서적이나 강연으로 장사를 하는 사람들에게 증거 불충분은 중요하지 않을지도 모른다. 중요한 것은 증거의 질이나 신뢰도가 아니라, 진실 같다는 '느낌'과 과학적 근거의 '아우라'를 풍기는 것이다. 그런 과대광고야말로 의사이자 칼럼니스트인 벤 골드에이커Ben Goldacre가 말한 나쁜 과학Bad Science••의 전형적 예다.[29]

그러나 마음챙김의 가장 마음을 끄는 요소는 마음챙김이 불안, 스트레스, 존재론적 불안정 등 후기산업사회 자본주의

• 실험에서 편향의 작용을 막기 위해 실험이 끝날 때까지 실험자 또는 피험자에게 특정한 정보를 공개하지 않는 것.

•• 전문적 특수성을 악용해 근거 없는 거짓 주장을 퍼뜨리거나 엉터리 제품을 팔며 대중들을 기만하는 과학을 가리킨다. 과도한 비타민 복용이나 예방 접종, 디톡스 등이 그 예다.

의 고질적 문제에 대한 만병통치약으로 제시된다는 점이다. 경영학자 론 퍼서Ron Purser와 철학자 데이비드 로이David Loy의 지적에 따르면, "기업이 마음챙김이라는 시류에 편승한 것은 직원 개인에게 부담을 전가시킬 수 있다는 편리함 때문이다. 스트레스는 개인의 문제로 치부되고, 마음챙김은 직원이 유해 환경에서도 차분하고 효율적으로 업무를 수행하도록 돕는 최적의 처방이다."[30] 기업 입장에서 마음챙김은 사회문제의 책임을 다시 개인에게 돌리는 수단인 셈이다. 불안감의 근본적인 원인을 찾기보다는 불안감에 시달리는 직원에게 '자기계발 도구'를 건네는 것이다.

그러나 이 이야기의 가장 가혹한 반전은 스트레스와 불안감, 우울감 등을 외부적인 노동환경이 만들어 낸 결과로 보지 않는 데 있다. 개인의 게으르고 산만한 정신 상태가 만들어 낸 문제라는 것이다. 회사에서 일이 너무 많아 스트레스를 받는다면, 또는 구조조정을 앞두고 불안감을 떨칠 수 없다면, 머릿속에서 아우성치는 부정적 생각을 다 몰아내고 심호흡과 함께 정신을 집중하기만 하면 된다는 식이다.

마음챙김의 교리는 현대 경제의 구조적 불안정성의 책임을 개인에게 전가하는 것을 넘어, 비영속성, 지속적 유동성과 변화 등의 원인을 심각한 고용불안과 대인관계의 균열을 낳는 경제에서만 찾을 수 없다는 논리에 힘을 실어준다. 비영속성은 경제 탓이 아니라 현실세계의 본질이 직접 반영된 것이라는 논리다. 한 경영학술지에서 "비영속성이란 모든 것이 움직이고 조각나고 서서히 용해되며 융성과 쇠퇴를 거듭하는 경험의 속성이므로, 순간순간 하는 경험이 경험의 전부"라는 사실을 독자에게 인정하라고 권고한다.[31] 세상살이의 덧없음을 강조함으로써, 수천 명의 생존권에 근본적 영향을 미치는 기업 구조조정의 변덕스러움마저 정상적인 것으로 포장하는 것이다. 아이버 사우스우드의 지적대로, 일반화된 불안정성의 경험은 이제 지극히 정상적인 것, '원래 그런 것'으로 포장되고 있다.

마음챙김은 만사가 일시적이고 유동적이라는 현실관을 뒷받침하는 동시에, 우리에게 유일하게 익숙하고 직접적인 현실로 눈을 돌리게 만든다. 바로 우리의 몸이다. 이것이 대부분 마음챙김 강좌에서 되풀이되는 주문, 즉 우리 몸의 지혜를 경청하라는 주문이다. 우리가 이성을 포함하여 (경험적 증거, 타인의 의견, 사회적 규범 등) 의사결정에 도움을 주는 여러 다른 수단을 무시하고 대신 '몸의 지혜를 경청'하여 판단과 결정을 내리기 시작하면, 몸은 경제학자 에르베 쥐뱅Hervé Juvin이 말하는 '진리 체계'가 된다. "우리는 몸에 모든 희망을 걸고 다른 곳에서 유실되어가는 현실을 몸에게 기대한다."[32] 외부적 현실, 제도, 관계 등 '다른 곳'은 모두 일시적인 것으로 간주되는 상황에서, 내가 기댈 곳은 오직 내 몸과 그 안의 은밀한 지혜뿐이다. 그렇게 우리의 몸을 추궁하여 가장 미묘한 신호까지 포착해냄으로써 우리는 진리에 도달할 수 있으며, 그 진리가 자신이 누구인지뿐만 아니라 바람직한 삶이 무엇인지까지 가르쳐준다는 것이다. 한마디로 판단은 신중하고 이성적인 상황 분석을 통해 하는 것이 아니라 몸이 시키는 대로 해야 한다.

이렇게 몸이 일종의 '진리 체계'가 되다 보니, 아무리 사소한 방해도 절대 받지 못하도록 몸을 지키는 데 혈안이 되는 것은 당연하다. 내 몸을 해치는 그 어떤 것도, 심지어 해치는 흉내만 내는 것도, 가장 높은 수위의 위협으로 인식된다. 오늘날 그렇게 '몸을 해치는 것'의 단적인 예가 바로 흡연이다.

흡연자가 동네북이 된 이유

이제 담배는 건강에만 해로운 게 아니라 커리어에도 해롭다. 2011년 《뉴욕 타임스》는 흡연자에게 점점 더 불리한 고용정책을 실시하는 미국의 일부 병원에 대한 기획 기사를 실었다.[33] 과거 금연 정책의 미미한 효과에 불만을 품은 병원들이 전술을 바꿔 흡연을 금지하는 게 아니라 '흡연자'를 금지하기 시작했다는 보도였다. 근무시간이 아닐 때 병원 구역 밖에서 담배 한 대 피우는 것도 용납하지 않겠다는 것이다. 확실한 비흡연자를 채용하기 위해 병원은 채용 희망자를 상대로 도핑 테스트와 비슷한 소변

검사를 실시했다고 한다. 병원 측은 직원이 될 사람의 건강을 걱정하는 것뿐이라며 그런 가혹하고 침해적인 조치를 정당화했다. 물론 생산성 저하나 의료비 상승 같은 흡연 관련 경제적 비용도 걱정되었을 것이다. 병원은 과거 약간 더 '부드러운' 조치, 예컨대 금연 프로그램이나 직장 내 금연으로는 원하는 결과가 나오지 않았다고 해명했다. 의료혁신으로 유명한 미국 클리블랜드 클리닉이 2007년부터 더 이상 흡연자를 채용하지 않겠다고 발표한 이래, 미국의 다른 병원들도 점차 같은 정책을 도입하고 있다.

표면적으로 보면 이 논쟁은 경제학과 의학의 영역에 속한다. 흡연은 (사회와 고용주에게) 비용을 발생시키고 건강을 해치니까. 그런데 요즘에는 흡연자도 공사 영역을 막론하고 도마 위에 올랐다. 실제로 흡연자를 조롱과 풍자의 대상으로 삼는 것에 아무도 반론을 제기하지 않는다. 흡연자는 흔히 우스꽝스럽고 역겨운 사람으로 그려진다. 만화 〈심슨네 가족들〉에서 늘 담배를 물고 있거나 기침을 해대는 두 이모처럼 말이다. 왜 그런 걸까? 왜 흡연자가 웃음거리가 된 걸까? 그리고 왜 흡연자가 도덕적 분개심을 일으키는 걸까?

우리는 불과 20년 전만 해도 세상이 흡연과 흡연자를 지극히 자연스럽게 받아들였다는 사실을 망각하는 경향이 있다. 그때는 담뱃불을 붙여도 누구 하나 거들떠보지 않았다. 사무실, 자동차, 비행기, 가게 등 어딜 가도 재떨이가 비치되어 있었다. 보건의료기관도 예외가 아니었다. 따라서 흡연이 아닌 흡연자를 금지하려는 근래의 정책은 흡연 규제 또는 금지의 길고 긴 역사의 맥락 속에서 봐야 한다.

잘 알려진 대로, 공공장소 금연을 최초로 실시한 나라는 나치 독일이다. 흡연과 암 사이의 상관관계가 처음 정립된 시기 역시 나치가 집권할 때였다. 과학사학자 로버트 프록터Robert Proctor가 《나치의 암과의 전쟁The Nazi War on Cancer》에서 지적하듯이, 독일의 담배 관련 역학조사가 한동안 세계를 선도했던 것은 사실이다. 흡연을 억제하기 위한 노력에서도 마찬가지였다.[34] 나치 독일은 과학과 도덕적 분개가 때로는 어떻게 서로에게 상승작용을 일으키는지를 보여주는 흥미로운 예다. 나치 통치 아래에서 흡연자는 2등 시민으로 취급되었고, 알코올중독자와 거의 동급으로 전락했다. 1930년대 중반 맨 처음 강제수용소로 보내진 집단 중 하나가 알코올중독자였다는 사실을 떠올려보자. 흡연이 인종적 위생이나 신체적 순수성을 강조한 나치 이데올로기와 정반대된다는 확신이 생기고, 그 확신을 뒷받침하는 방향으로 과학적 증거까지 나오자, 사람들은 그동안의 선입견을 마음 놓고 폭력적으로 표출하기 시작했다.

지난 70여 년 동안 의학연구는 흡연의 위험을 매우 자세히 밝혀 냈다. 이와 함께 우리는 점점 더 엄격해지는 금연 정책을 목도해왔다. 오늘날 대부분의 선진국에서는 직장 내 금연은 물론이고, 인도나 공원 같은 공공장소도 금연 구역으로 지정하기 시작했다. 흥미로운 것은 이런 금연 정책이 개인의 선택 존중이라는 신자유주의 정신과 충돌한다는 점이다. 자유로운 성인으로서 우리는 자신의 몸에 대한 모든 권리를 갖는다. 담배를 피우고 싶으면 피울 수 있는 자유를 누려야 한다. 자유주의와 가부장주의 사이에서 발생한 이 모순을 해결하기 위해, 금연 정책은 주로 의학의 틀 안에서 정당화되어왔다. 금연은 흡연자의 자유를 제한하는 게 아니라 2차 흡연을 강요당하는 다른 사람들의 자유를 보장하기 위한 것이라는 주장이다. 식당 내 금연을 실시하기에 앞서 형성된 여론을 살펴보면 흥미로운 주장이 등장한다. 손님의 흡연이 식당 종업원의 건강을 위협한다는 주장이다. 이 주장이 흥미로운 이유는 외식업계 노동자의 다른 권리, 예컨대 최저임금을 보장받거나 고용계약을 체결할 권리는 논의에서 빠졌기 때문이다.

식당이 금연 구역으로 지정된 데에는 업계 종사자의 노동 조건 개선보다 더 설득력 있는 이유가 있다. 흡연이 더 이상 과거처럼 긍정적인 문화적 함의를 지니지 않기 때문이다. 과거 담배업계는 흡연에 마법 같은 후광을 입히는 데 대성공을 거뒀었다. 1950년대만 해도 담배는 고급 레스토랑에 들어서는 우아한 여인이나 자유에 목숨 거는 카우보이의 필수품이었지만 오늘날 서구사회에서는 그런 이미지가 대부분 사라졌다(가난한 나라 사람들을 흡연자로 만들려고 담배업계가 윤리적으로 의심스러운 전략을 시도하고는 있지만).[35] 이제 흡연은 자유의지의 세련된 표출이 아니라 비난받아 마땅한, 말도 안 되는 짓으로 간주된다. 그러나 이러한 관점의 변화는 흡연에 적용된다기보다는 흡연자와 더 직접적 관련이 있다. 흡연자를 도덕적으로나 미적으로 미개한 인간으로 취급할 근거가 되기 때문이다.

이는 경영학자 크리스 그레이Chris Grey와 조 브루위즈Jo Brewis가 제시하는 논점이기도 하다.[36] 이들은 의학적 지식이 어느 시점에서부턴가 도덕적 언어로 표현된다고 주장한다. 흡연은 건강에 해롭다는 의학적 진술이 흡연은 나쁘다는 말로 축약되고, 급기야 흡연자도 나쁘다는 주장으로 귀결된다.

이러한 논쟁에는 거의 언급되지 않는 중요한 정치적 차원이 있다. 정치철학자 샹탈 무페Chantal Mouffe는 《정치적인 것에 관하여On the Political》에서 탈정치화된 현재 상황의 결정적 특징이 정치적인 것의 실종만은 아니라고 주장한다. "정치적인 것이 이제는 도덕적 언어 영역에서 전개된다"는 것이다.[37] 이 도덕적 언어 영역은 다중의 목적을 띤다. 우리와 저들로 편을 가르고, 옳고 그름을 구분하게 한다. 그리고 우리가 정치와 무관한 이야기를 하는 척하게 만들어준다. 우리는 단지 정당한 (과학적으로도 입증된) 주장을 하는 것뿐이다. 예를 들어 흡연은 바보 같은 짓이고 따라서 흡연자도 바보일 거라는 주장 말이다. 이것이 바로 도덕화의 핵심, 즉 탈정치화 효과다. 다시 말해 우리는 도덕적 언어를 통해 흡연자에게 (또 다른 어떤 집단에게) 낙인을 찍으면서 동시에 그것이 정치와 아무런 상관이 없고 단지 도덕의 문제라고 우길 수 있는 것이다.

이러한 탈정치화는 웰니스 신드롬의 절대적 중심축이다. 행복과 건강을 도덕적 삶의 근본적 기준으로 만들기 때문이다. 도덕성은 타인과의 관계에만 국한되는 게 아니라 이제 자신과의 관계, 특히 자기 몸과의 관계에도 적용된다. 살레츨의 지적에 따르면, 모든 것이 선택의 문제로 귀결되는 상황의 중요한 측면은 사람들이 건강 보장의 모든 책임을 스스로 질 수밖에 없다는 점이다. 이러한 구조에서 "의사는 더 이상 환자에게 어떻게 하는 것이 최선인지 조언하는 권위자로서의 역할을 하지 않는다. 그저 어떤 선택지가 있는지 알려줄 뿐이다. 그 정보를 바탕으로 치료에 동의할지 말지 결정하는 것은 오로지 환자의 몫이다."[38] 그렇다고 환자가 의사의 독단적 통제로부터 자유로워지는 것도 아니다. 오히려 "건강상의 모든 문제를 개인의 죄로 돌리는 게 가능해진다. 지금 직장에서 해고되기 전에 새 직장을 구하지 못한 것에 죄책감을 느껴야 하는 실직자처럼, 환자는 병을 예방하지 못한 것을 자기 탓으로 돌려야 한다."[39] 자신의 건강을 위해 담배를 피우지 않을 책임을 다하는 데 실패한 사람은 자기 몸을 지키는 데 실패했을 뿐 아니라 도덕적으로도 실패한 것이다.

이러한 도덕적 언어 영역은 우리의 식단과 옷차림에서부터 성관계에 이르는 일상 전반에 적용된다. 모든 일상이 옳고 그름을 기준으로 평가되는 것이다. 그리고 공적 영역과 사적 영역 간의 경계가 사라질수록, 일상생활에 점점 더 많은 관심이 쏟아진다. 정치가 사적 영역으로 확장된다는 ('개인적인 것이 정치적인 것'이라는 예전 페미니즘 슬로건을 연상시키는) 말이 아니다. 오히려 그 반대의 움직임이 나타나고 있다. 중대한 공공적 사안이 개인의 취향과 도덕성의 문제로 환원되는 것이다. 정치인의 사생활이 미주알고주알 언론에 공개된다. 마치 그들의 침실과 욕실과 주방을 들여다봐야 그들이 말하는 정치의 진면목을 밝힐 수 있다는 듯이. 그 대상도 이탈리아 총리 베를루스코니의 성추문에서부터 영국 총리 캐머런의 음악 취향에 이르기까지 실로 광범위하다. 정치의 도덕적 점유화 사례는 계속 이어지고 있다. 물론 유명 정치인의 사생활에 대한 과도한 관심이 새로운 현상은 아니다. 대중은 정치인의 라이프 스타일에 궁금증을 갖기 마련이다. 그렇다 하더라도 정치인의 사생활이 공익을 위한 투쟁의 주된 전투장이 된 건 대중매체의 성장, 특히 텔레비전의 보급 이후에 나타난 현상이라 할 수 있다.

보다 나은 세상을 만드는 일은 이제 더 이상 공론에 부칠 사안이 아니다. 개인이 선택한 라이프 스타일의 문제가 되었다. 거대 기관과 제도에 대한 깊은 불신과 자신의 라이프 스타일을 개선하면 인생을 바꿀 수 있다는 순진한 열의가 결합한 것이다. 직접행동이 지상명령이 되었다. 그리고 너무나 많은 경우, 그 직접행동 캠페인의 대상은 각자의 몸이다. 그리고 캠페인 도구는 몸 만들기 프로젝트, 다이어트, 라이프 스타일 채널, 긍정적 사고를 기르는 프로그램 등이다. 이 시대의 위인들은 더 이상 정치인이나 운동가, 지식인이 아니라 스타 셰프와 행복 전도사, 열정 넘치는 기업가다. 그리고 캠페인 표어는 '건강과 행복'이다.

2장　건강의 장삿속

우리 문화에서 뚱뚱함은 죄다. 뚱뚱해지도록 먹거나
뚱뚱해 보이는 옷을 입거나 뚱뚱함을 키우거나 방치하는 건
모두 도덕적 결함의 징후다. 미적으로나 육체적으로나
도덕적으로나 뚱뚱함은 치욕의 상징이다.

리처드 클라인, 《뚱보처럼 먹어라》[1]

건강 경영,
일과 운동의 경계 허물기

"우리에게 가장 중요한 재화는 시간과 에너지가 아닙니다. 직원을 24시간 회사에 묶어두는 건 어렵지 않습니다. 직원들의 의지는 충만합니다. 문제는 생리적 한계입니다."[2] 학자이자 전직 은행 간부 알렉산드라 미셸Alexandra Michel과의 인터뷰에서 한 투자은행 임원이 자신의 직장에 대해 한 말이다. 그는 다른 동료들과 마찬가지로 주 120시간 일하고, 잠은 거의 안 자며, 거의 모든 생리적 욕구를 회사에 의존해 해결한다. 그보다 직급이 낮은 또 다른 금융기관 직원은 직장을 '인공 세계'에 비유했다. "오후 5시가 되면 사람들은 퇴근하는 게 아니라 그냥 편한 옷으로

갈아입고, 음악을 틀고, 회사가 시켜주는 저녁을 먹습니다. 역설적이게도 너무 편하니까 일을 더 많이 하게 됩니다."[3] 또 다른 금융업 종사자는 직장 생활이 "24시간 조명을 켜놓은 심리 실험에 참가하는 것 같다"고 표현했다.[4]

9년에 걸쳐 수백 명의 투자은행 직원들을 추적 조사한 결과, 미셸은 직원들이 업무 부담을 감당하는 방식에서 분명한 패턴을 발견하게 되었다. 입사 3년차까지는 자신의 몸을 빡빡한 업무 일정을 소화하기 위해 극복해야 하는 장애물로 인식하는 경향이 있었다. 한 응답자는 "일에 방해가 되지 않도록 몸의 감각을 둔화시키려고 별짓을 다했다"고 회상했다.[5] 그렇게 육신의 나약함을 극복하려는 몸부림은 한동안 성공했다. 그러나 4년차가 되면서부터는 "몸이 반항하기 시작"했다. 온순하던 사람이 별 것 아닌 일에 폭발하는 경우가 잦아졌다. 한 응답자는 다음과 같이 고백했다. "한번은 택시를 잡으려고 달려갔는데 문이 잠겨 있었습니다. 택시기사는 문을 열어주려고 하는데 내가 자꾸 밖에서 손잡이를 잡아당기니까 잠금 해제가 안 되는 겁니다. 난 얼마나 화가 났는지 창문을 미친 듯이 두드리면서 그 불쌍한 기사한테 쌍욕을 퍼부었습니다."[6] 또 다른 은행 직원은 자정이 넘은 시간에 조깅하는 습관 때문에 여러 번 부상을 입었다고 말했다. 많은 응답자들이 무감각 상태에 압도되거나, 음식 또는 포르노에 중독되거나, 가족과 친구들을 습관적으로 소홀히 대하게 되었다고 말했다. 입사 6년차에 접어들면서부터 아직까지 살아남은 직원들은 더 이상 저항하는 몸을 굴복시키기 위해 자학하지 않았다. 대신 새로운 비법을 발견했다. 뉴에이지 분위기 물씬 풍기는 '마음챙김'을 통해 상황의 흐름을 관찰하면서 자신의 몸을 믿고 위하는 법을 터득한 것이다. 자신의 몸의 소리를 경청하며 마치 '믿음직한 친구'처럼 대했다. 그렇게 자신의 몸과 조화를 이루는 데 성공한 직원은 열악한 근무 조건을 계속 견뎌낼 수 있었다.

직장에서 자신의 에너지와 생산성을 유지하기 위해 고군분투하는 사람들은 투자은행 직원만이 아니다. 미셸이 관찰한 바에 따르면, 육체적 한계를 무시하거나 극복함으로써 최상의 수행능력을 항상 유지해야 하는 직장은 한두 군데가 아니다. 미셸은 그런 직장으로 거액의 자금이 오가는 금융업, 병원을 기반으로 한 의료업, 소프트웨어 엔지니어링, 컨설팅, 법조계, 그리고 스포츠계, 학계, 예술계를 꼽는다.[7] 그런데 이런 소위 상류층 노동자만 기본적인 생리적 욕구까지 무시하도록 강요받는 게 아니다. 일반 서비스업, 제조업, 농업 등에 종사하는 사람들 역시 안전한 수준을 벗어난 조건 아래 일하는 게 습관이 되어 있다. 가장 기본적인 수면욕까지 억누르면서 말이다. 조너선 크레리Jonathan Crary는 《24시 연중무휴: 후기 자본주의와 수면의 종말24/7: Late Capitalism and the Ends of Sleep, 24/7 잠의 종말, 문학동네》에서 자본주의적 생산과 소비의 최후

장벽이 수면욕이라고 주장한다.[8] 사람들이 일을 최우선으로 여기도록 끊임없이 만들어졌던 이미지와 슬로건들은 오랫동안 수면만큼은 건드리지 않았다. 그러나 19세기 초 공업 조명의 보급에서부터 소셜 미디어의 부상과 기면증 치료제인 모다피닐modafinil 같은 생산성 향상 약물 개발에 이르는 다양한 기술 혁신에 따라, 수면이라는 성역은 꾸준히 침식되어왔다. 그 결과, 늘 깨어 있는 상태는 오늘날 금융업에 종사하는 소수의 고액 연봉자를 넘어서 훨씬 더 많은 노동자들에게 요구되고 있다.

그렇게 '늘 켜져 있는 상태'는 그 자체로도 문제를 일으킨다. 미셸의 연구에서 살펴봤듯이, 몸 자체가 가장 큰 난관이다. 머리로는 수면욕 같은 자연적 장벽도 극복하고 싶겠지만, 몸은 저항하기 마련이다. 바로 이것이 연중무휴 자본주의 주체가 직면한 핵심적 도전 과제다. 생리적 욕구라는 생산성의 적을 무찌르고 미셸의 인터뷰에 응했던 은행 직원들처럼 몸을 단련시켜야 하는 것이다. 체조선수나 감당할 법한 이러한 체력 단련의 중요성을 강조한 논문이 《하버드 비즈니스 리뷰》에 실렸다.[9] 저자는 헬스 트레이너 출신의 경영 컨설턴트 짐 로허Jim Loehr와 토니 슈워츠Tony Schwartz인데, 이들은 바쁜 기업 임원을 '기업적 선수'라 부른다. 진짜 운동선수는 오히려 기업적 선수보다 팔자가 낫다고 말하는 두 저자의 설명을 들어보자. "프로 선수는 평균적으로 연습에 대부분의 시간을 할애하고 실제 경기를 뛰는 시간은 많아야 하루 몇 시간 정도로 비중이 그리 크지 않다." 기업 임원은 정반대다. 이들은 "훈련에 할애하는 시간은 거의 없는데 필요에 따라 하루 10시간, 12시간, 14시간씩 업무를 수행해야 한다." 그런데 임원의 고달픔은 여기서 끝나지 않는다. "운동선수는 몇 개월의 비수기가 있는 데 반해 대부분 기업 임원은 잘하면 일년에 서너 주의 휴가가 전부다. 운동선수의 평균 프로 수명은 7년 정도지만 기업 임원의 근속연수는 40년에서 50년이다."[10] 업무 실적을 계속 내기 위해 기업적 선수는 두 코치가 말하는 '최상의 수행능력'을 끊임없이 추구해야 한다. 그러기 위해서는 행동적 개입이 요구되는데, 예컨대 특정 식습관(하루 대여섯 번 음식 섭취, 규칙적인 수분 보충 등)을 갖고, 주 2회 웨이트 트레이닝을 하고, 집중력을 기르고, 심호흡을 습관화하고, 규칙적인 수면 패턴을 유지하고, 최상의 수행능력을 발휘하는 순간을 머릿속에 그리고, '타임아웃'을 통해 보다 깊은 목적의식을 다시 상기하는 것이다. 두 저자의 주장에 따르면, 위의 행동을 일상화함으로써 기업 임원은 "육체적, 정신적, 정서적, 영적으로 기력과 활력이 충만해져 더 열정적으로 더 오래 더 많은 성과를 낼 수 있다."[11]

많은 기업들이 이러한 트렌드에 따라 직원들이 최상의 수행능력 상태를 유지하도록 장려하고 있다. 미국의 민간 연구소 랜드RAND가 실시한 최근 조사에 따르면, 고용인원 50명이상의 미국의 사업장 중 어떤 형식으로든 직원을 위한 웰니스 프로그램을 시행하는 사업장이 절반을 넘는다고 한다.[12] 또한 《포춘》 선정 200대 기업 중 70퍼센트가 직원을 위한 헬스 프로그램을 제공한다는 조사도 있다.[13] 미국 고용주들이 이러한 프로그램에 지출하는 비용은 연간 60억 달러에 이른다. 이러한 프로그램이 점점 인기를 끄는 이유는 많은 기업에서 프로그램 참여와 건강보험을 연동시키기 때문이다. 회사에서 제공하는 웰니스 프로그램에 등록한 직원에 한해 건강보험에 가입시켜주는 것이다.

세계경제포럼WEF 보고서에 따르면, 전형적인 사내 웰니스 프로그램의 구성요소로는 다이어트 그룹, 다이어트 상담, 구내식당 건강식 메뉴, 하루일과 중 운동을 겸한 휴식, 사내 헬스 시설, 금연 정책 등이 있다.[14] 이러한 프로그램은 전적으로 몸에만 초점을 맞춘다. 직원들은 사내 헬스장을 이용하고 금연을 실천함으로써 건강을 챙길 뿐만 아니라 외모도 개선하게 된다. 뚱뚱함 또는 비전형적 몸매는 본장의 서두에 리처드 클라인이 지적한 대로, '치욕의 상징'이다. 직원들은 건강해지겠다는 의지를 보여야 할 뿐 아니라 도덕적으로나 미적으로 자신을 책임지는 인간, 남들과 잘 어울리는 인간으로서의 면모도 보여줘야 한다. 따라서 웰니스 프로그램은 직원의 소속감을 강화하는 기능까지 겸하는 것으로 보인다. 스포츠 용품 업체인 '파타고니아Patagonia'에서는 직원들이 단체로 조깅을 한다.[15] 파타고니아 설립자 이본 취나드Yvon Chouinard는 그의 자서전《사원에게 서핑을 허하노라Let My People Go Surfing, 파도가 칠 때는 서핑을, 화산문화》에서 근무시간 유연화를 통해 직원들이 한낮에도 야외활동을 즐길 수 있도록 한 회사 정책을 자랑스럽게 소개했다.

또 다른 '건강 경영' 유행은 걸으면서 회의하는 것이다. 경영 컨설턴트 닐로퍼 머천트Nilofer Merchant는 최근 한 테드TED 강연을 통해 "앉아서 일하는 것은 우리 세대에 흡연 못지않은 재앙"이라고 경고했다.[16] 머천트는 현대인이 하루 24시간 중 앉아 있는 시간이 상당한 점(북미 지역은 평균 9.4시간)과 이것이 건강에 미치는 악영향에 대해 이야기하면서 많은 사람들과 비슷한 우려를 표명한다. 앉아 있는 '죄'와 싸우기 위해 머천트는 "회의실을 없애버리고 대신 걸으면서 회의를 하라"고 제안한다. 건강에 좋은 것은 당연하고, 팀원들 간에 친목도 다지고 사람들이 회의 시간에 모바일 기기에 정신이 팔려 있는 것도 막을 수 있단다. 도보회의의 장점은 여기에 그치지 않는다.《허핑턴 포스트》기사에 따르면, "걷다가 마주친 예쁜 새나 (솔직히 도시에서는 디자인이 특이한 쓰레기통을 볼 확률이 훨씬 크지만) 우리의 시선을 끄는 사소한 것들이 의외로 우리 뇌가 기다리던 영감이 되어 번뜩이는 아이디어를 끄집어낼 수 있다."[17]

일과 운동 사이의 경계를 더욱 흐리게 만드는 첨단 사무실

집기를 소개하겠다. 러닝머신이 장착된 책상과 그 자매품 사이클이 장착된 책상이다. 러닝책상은 직원이 업무를 보면서 시속 2~3킬로미터 정도로 천천히 걷게 해준다. 점점 더 심각해지는 운동 부족에 따른 건강 피해를 우려하여 내분비학 전문의 제임스 러바인James Levine이 고안한 발명품이다. 러바인은 업무 영역에 헬스기구를 접목함으로써 일과 운동의 동시 수행을 꾀한 것이다. 구글, 마이크로소프트, 하얏트-메리어트가 이 '사무용 운동기구'를 사들였다. 재택근무를 하는 프리랜서 사이에서도 인기를 얻고 있다고 한다. 한 이용자는 BBC와의 인터뷰에서 러닝책상을 사용함으로써 "진정한 멀티태스킹이 가능해졌다"고 말했다.[18] 또 다른 이용자는 따로 헬스를 다닐 의지가 생기지 않아 그냥 하루 5시간씩 러닝책상을 이용해 걸으면서 소프트웨어 개발 업무를 했다고 한다. 그 결과 약 16킬로그램을 감량했고, 다리는 퉁퉁 부었고, 그 전 과정을 담은 블로그를 만들었다고 한다.

비슷한 취지로 개발된 사이클책상은 환경보호에 관심 있는 힙스터들의 관심을 끈다. '페달 파워'라는 뉴욕 벤처기업에서 제작한 사이클책상의 경우, 업무와 운동을 하면서 노트북용 전력까지 생산한다. '페달 파워' 공동창립자의 말을 빌리자면, 이 기구의 추가적 장점은 "우리가 사용하는 에너지를 더 가깝게 체험하게 해서 에너지가 얼마나 귀중하며 생산하기 힘든지를 절감하게 하는 것"이다.[19]

표면적으로 보면 사내 웰니스 프로그램에서부터 사무용 운동기구에 이르는 이 모든 조치들이 그리 나빠 보이지는 않는다. 현대인의 운동부족 문제를 해결하여 보다 건강하고 생산적인 삶을 살게 해주는 합리적 방법으로 보인다. 누구는 이 모든 게 회사가 직원을 위하는 증거라고 믿는다. 그러나 직장을 더 건강하게 만들기 위한 시도들을 조금만 더 자세히 들여다보면, 보다 건강하고 행복하고 생산적인 인력을 양성하는 것 이외의 목표가 눈에 들어온다. 실제로 웰니스 프로그램의 효과는 과대평가되는 경우가 많다. 한 조사에 따르면, 프로그램 참여도는 제한적이며 참여한 사람들이 얻는 건강 증진 효과 또한 크지 않다고 한다.[20] 또 다른 미국 조사는 건강 프로그램을 통해 고용주가 어느 정도의 비용절감 효과를 보긴 하지만, 이는 건강보험 비용을 병에 걸릴 확률이 더 높은 (다시 말해 가난한) 사람에게 전가함으로써 얻는 효과라고 지적한다.[21]

사내 건강 프로그램의 실용성이 그리 뚜렷하지 않다면, 그 많은 기업들이 직원 건강에 열을 올리는 데에는 다른 이유가 있을지 모른다. 직원을 건강 프로그램에 참여시켜 인력의 체질 자체를 기업 입맛에 맞게 조정하려는 것일지도 모른다. 다시 말해 러닝책상에서 달리며 업무를 보게 하는 목적은 생산성 향상보다는 이상적인 직원 양성이라는 것이다. 이로써 직원의 건강과 생산성 사이에 매우 밀접한 상관관계가 있다는 논리가 설득력을 갖는다. 결국 담배를 피우는 사람, 과체중이거나 활동량이 적은 사람은 자동적으로 소극적이고 비생산적인 직원으로 취급받는다. 이상적인 노동자의 이미지는 더 이상 스타하노프Stakhanov•가 만들어 낸 워커홀릭이 아니라, 하루 종일 강도 높은 창조적 노동을 하고도 퇴근 후에는 헬스 트레이너로 뛸 만큼 운동에 중독된 '기업적 선수'가 되었다.

일이 운동이 되고 운동이 근무의 한 형태가 되면, 과거에는 별개로 취급되던 두 활동 간의 경계가 흐려지기 시작한다. 회사 예산을 책정하면서 산책을 하거나, 서류를 작성하면서 자전거 페달을 밟거나, 심지어 점심시간을 이용해 서핑을 하는 것은 모두 여가와 노동을 결합하는 행위다. 이제 직장생활은 우리가 건강을 챙기는 데 걸림돌이 되기보다는 오히려 자신을 돌보는 것을 가능하게 해주는 시간과 장소가 되는 것이다. 그러나 회사가 원하는 기업적 선수의 이상에 도달하기 위한 운동은 또 다른 노동일 뿐이다.

스웨덴의 트럭 제조사 '스카니아Scania'는 노동과 노동이 아닌 활동 간의 경계를 무너뜨리기 위해 흥미로운 실험을 진행했다고 한다. 경영학자 미카엘 홀름퀴스트Mikael Holmqvist와 크

• 구소련 사회주의 영웅이자 광부. '스타하노프 운동'은 노동생산성 향상을 목표로 탄광 노동자 개인의 성과 평가를 도입했던 1930년대 운동이다.

리스티안 마라벨리아스Christian Maravelias는 스카니아가 '24시 직원'이라는 정책을 어떻게 실행했는지를 조사하여 기록했다. 스카니아는 이 정책을 이렇게 설명한다. "스카니아는 회사에 있든 회사 밖에 있든 우리 직원의 생활 전반에 관심을 기울입니다. 우리 직원들이 보다 나은 생활을 할 수 있도록 돕기 위해서입니다. 직원에게 쏟는 우리의 관심과 보살핌은 직원이 퇴근한다고 멈추지 않습니다."[22]

'24시 직원' 프로그램은 앞서 살펴본 보편적 건강 증진 정책을 포함한다. 창사 100주년 기념 선물로 직원을 위해 만들었다는 헬스장도 있고, 20분 동안 노르딕 워킹을 시키는 '점심 산책'은 회사에 각종 상까지 안겨주었다. 그런데 스카니아는 이보다 훨씬 광범위한 시스템을 도입해 직원의 건강과 체력을 공학적으로 관리하고 있다. 시스템 운영을 전담하는 (심리학자, 의사, 행동학 전문가 등으로 구성된) 사내 건강 관리팀도 있다. 이 팀은 인사 담당부서 및 산업 엔지니어들과 긴밀하게 협조하면서 회사 전체의 업무효율성을 보장한다. 팀의 한 구성원은 회사가 "건강에 좋은 음식을 먹으라고 직원에게 명령할 순 없다"는 점을 인정한다고 했다.[23] 대신 "직원이 어떻게 업무를 수행해야 할지를 넘어 어떻게 살고 어떻게 자신을 이해해야 건강하고 생산적인 직원이 될 수 있는지에 대해 광범위한 규범을 형성하는 것"은 가능하다고 했다.[24] 그 규범 형성을 위해 회사는 직원의 모든 생활에 관여할 목적으로 건강 프로파일링, 건강 모임, 건강 학교, 건강 특강을 총망라한 선진적 웰니스 프로그램을 개발한 것이다. 건강 특강에서는 직원에게 이런 질문을 한다. 식습관은 어떤가? 운동은 하는가? 담배는 피우는가? 어떤 여가 활동을 하는가? 잠버릇은 어떤가? 외로움을 느끼는가? 살면서 무엇을 이루고 싶은가?

이러한 조치가 사생활 침해로 느껴질 수도 있다. 그런데 놀랍게도 다수의 직원들은 자신을 발전시킬 긍정적 기회로 느꼈다고 한다. 스카니아의 웰니스 프로그램에 참여한 한 직원은 두 연구자와의 인터뷰에서 이렇게 말했다. "세계금융위기 때문에 수많은 사람들이 해고되는 요즘, 체력관리는 필수입니다. 그걸 건강 프로파일링이 해주는 겁니다."[25] 이 사람에게 체력은 일종의 실업보험인 셈이다. 체력은 현재 고용주뿐만 아니라 실직에 대비해 미래 고용주에게도 직원으로서의 자기 매력을 입증하는 수단이기 때문이다.

이런 식의 자기관리의 맹점은 끝이 없다는 것이다. 미래지향적인 스카니아 직원처럼, 우리는 미래에 닥칠지 모를 모든 상황에 대비해 체력까지 단련해야 한다. 지그문트 바우만은 《액체 근대Liquid Modernity, 강》에서 다음과 같이 지적한다.

> 육체적 건강을 추구하는 것은 마치 잡을 때까지는 뭔지 알 수 없는 목표물을 좇는 것과 같다. 게다가 목표물을 잡았다고 판단할 근거는 없고 아직 잡지 못했다고 의심할 이유는 너무 많다. 건강

추구가 최대 목표인 인생은 전투에서는 여러 번 이겨도 최종 승자는 될 수 없는 전쟁이다.[26]

이 논리대로라면 기업이 주도하는 운동 프로그램은 끝이 없다. 도보회의를 마치고 사무실로 돌아오면 러닝책상이 기다리고, 퇴근하면 사내 헬스장에서 또 운동을 해야 한다. 체력단련은 끝없는 노력을 요구한다. 알 수 없는 미래의 역경에 대비하는 게 목적이라면 더더욱. 그런 의미에서 체력단련은 "자신에 대한 끝없는 성찰과 자책과 비하, 그리고 끝없는 불안감의 연속"을 경험하게 한다고 바우만은 말한다.[27]

이러한 끝없는 불안은 회사라는 작업현장이나 도보회의 시간에만 국한되지 않는다. 회사가 물리적 감시와 간섭을 할 수 없는 퇴근 후에도 불안은 계속된다. 이상적 직원과 건강한 신체 사이의 깊은 연관성에 비춰볼 때, 이제는 운동윤리가 직업윤리를 대체했다고 해도 과언이 아니다. 개신교적 직업윤리에 사로잡힌 사람이 끊임없는 노동과 검소한 생활에 투신했듯이, 이제는 기업적 선수들이 끊임없는 운동과 건강관리에 자신을 바치는 것이다. 19세기 개신교 기업가들이 '현생이 끝나면 다음 생은 과연 천국에서 보낼 수 있는가'라는 무시무시한 질문을 회피할 수단으로 고된 노동을 이용했다면, 오늘날의 기업적 선수들은 '내가 과연 우리 회사(또는 다른 회사)가 원하는 활달하고 에너지 넘치는 직원인가'라는 의구심을 떨치기 위해 운동에 몰두한다. 근면성실로 천국 입장권을 얻으려던 선조들과 달리, 현대인은 운동을 함으로써 지상천국의 회원권, 즉 고용보장을 얻으려는 것이다.

다이어트가 주는 은밀한 쾌감

릭 워렌은 미국 캘리포니아 사우스오렌지에 위치한 교인 3만 명의 전형적인 대형 교회 목사다. 2010년 어느 날, 그는 교인 858명에게 세례를 주던 중 공상에 빠졌다. 500번째 교인에게 세례를 주던 즈음 문득 이런 생각이 떠올랐다. '우린 다들 뚱뚱하군!' 워렌은 《뉴욕 타임스》와의 인터뷰에서 그 순간을 이렇게 회상했다. "물론 성스럽지 못한 생각이죠. 목사가 세례식을 거행하면서 그런 생각을 하면 안 되는 건데, 그 생각이 그냥 떠올랐습니다. 우린 모두 뚱뚱하다는. 나도 뚱뚱하고. 나야말로 최악의 본보기였죠."[28] 이런 깨달음을 얻은 워렌 목사는 일주일 후 교인들에게 도전과제를 제시했다. "여러분, 저 목회하면서 1년에 체중이 1.5킬로그램씩밖에 늘지 않았습니다. 그런데 목회를 30년 했으니까 줄여야 하는 체중이 어마어마해졌습니다. 저랑 같이 살 빼실 분?"[29]

몇 달 후, 워렌은 '다니엘 플랜Daniel Plan'이라는 이름의 복음주의적 다이어트를 출범시켰다. "성경적 교리에 기초한 획기적 건강 라이프 스타일 프로그램"이라는 슬로건으로 홍보되는 이 다이어트는 성경 속 인물 다니엘을 본 딴 것이다. 다니엘은 유대 귀족 출신으로 동료 세 명과 함께 바빌로니아에 포로로 보내져 왕궁에서 교육을 받았던 인물이다. 그는 모세의 율법에 따라 왕궁의 진미와 포도주를 거부하고 채식과 물을 고집했다. 다니엘 플랜은 종교적 내러티브를 포스트모던 시대 대형 교회의 전형적 테마인 '치유'와 결합시킨 것이다.

다니엘 플랜에는 낯익은 자기계발의 언어도 등장한다. "건강해지려면 죄를 고백하라" "자기 얘기를 부정적으로 하지 말라" "초콜릿을 내려놓고 성경책을 들어라" 등 다니엘 플랜의 일환인 영성 훈련 과정의 제목만 봐도 알 수 있다. 게다가 스타 건강 전문가들의 지지 선언으로 과학적 프로그램이라는 이미지까지 갖추게 되었다. 이렇게 복음주의적 종교 내러티브와 스타 건강 전문가의 보증, 거기에 자기계발을 통한 성공의 약속이 결합하면서, 다니엘 플랜은 미국의 거대한 신복음주의 시장을 평정하고 그 너머로까지 확산되었다. 지금까지 약 15만 명이 이 다이어트 프로그램에 도전한 것으로 추정된다.

그런데 금식은 북미 복음주의 기독교에만 국한된 방법이 아니다. 최근 유행하는 대표적 다이어트 방법의 핵심 테마이기도 하다. 단식 위주의 다이어트의 공통점은 정해진 기간 동안 철저하게 음식 섭취를 제한하면 다른 날은 먹고 싶은 대로 먹을 수 있다는 원리다. 기간을 정해놓고 금욕과 쾌락을 번갈아 실천하는 방식인 셈이다. 이 원리에 따라 개발된 가장 유명한 다이어트법이 아마 '5:2 다이어트'일 텐데, 이 다이어트의 기본 공식은 의사이자 방송진행자인 마이클 모슬리Michael Mosley에 의해 개발되었다. 모슬리는 간헐적 단식의 장점을 홍보하는 BBC다큐멘터리를 직접 제작했고, 다큐멘터리의 선풍적인 인기에 힘입어 다이어트 전문 작가와 함께 베스트셀러 《간헐적 단식법The Fast Diet, 토네이도》을 출간했다.[30] 이들 주장에 따르면, 일주일에 두 차례 하루 종일 칼로리 섭취를 극도로 제한하고 나머지 요일은 마음껏 먹는 방법으로 체중도 줄이고 인체의 주요 기능도 개선할 수 있다.

실제 다이어트 방법에서 한걸음 물러나 큰 그림을 바라보면, 다이어트의 이데올로기적, 인류학적 측면이 눈에 들어오기 시작한다. 여기서 첫 번째로 살펴볼 점은 다이어트와 과잉 사이의 깊은 연관성이다. 사회학자 브라이언 터너Bryan Turner가 지적하듯이, 다이어트란 칼로리 과잉섭취가 가능한 사회에서나 의미가 있고 욕망의 대상이 될 수 있다.[31] 터너는 근대의 합리적 다이어트의 기원을 영국 초기 근대사회와 다이어트 멘토의 원조이자 의사였던 조지 체이니George Cheyne의 업적에서 찾는다. 체이니는 18세기 초 런던사회의 향락에 탐닉한 대가로 200킬로그램이 넘는 거구가 되었다고 고백했다. 그 후 그는 우유와 야채만 먹으면서 살을 뺐다. 처음에는 과식과 운동부족으로 몸이 비대해진 소수의 런던 교수들을 대상으로 실시한 그의 다이어트 비법은 곧 빠르게 전파되어 보다 대중적인 윤리 운동의 일부가 되었다. 처음에는 감리교 교회에서, 그 후에는 국가 효율성 향상 운동에서 영양학적 지식을 도입하여 하위 계급으로까지 전파시켰다. 이 운동들의 목표는 건강한 식습관과 건강한 신체를 도덕적 건전성과 결부시키는 것이었다. 터너의 분석에 따르면, 이 방법은 술은 멀리하고 운동은 가까이 하는 국민, 이른바 비합리적 식습관과 음주로 인한 질병 때문에 국가 생산성에 걸림돌이 되지 않는 신체 건강한 국민을 길러내는 효과를 가져왔다.[32]

체이니의 사연은 과잉과 과욕으로 점철된 부자연스러운 생활에서 벗어나 더없이 행복한 자연 그대로의 상태로 돌아간다는 익숙한 기승전결 구조를 띤다. 대부분의 다이어트는 음식의 과잉이 우리를 망가뜨리기 이전의 상태, 상상에서만 존재하는 '순수한' 상태로의 복귀를 약속한다. 한편에는 터너가 말하는 "순수한 자연 속에서 검소하게 살아가는 인간"이 있다. 그리고 반대편에는 "문명화된 사회 속에서 과잉을 일삼는 인간"이 있다.[33] 과잉사회의 덫에 걸린 인간이 그 덫에서 벗어나는 길은 금욕과 다이어트를 통해 몸과 마음을 건강하던 원래 상태로 회복시키는 것이다.

바로 이것이 다이어트의 핵심 주제다. 다니엘 플랜에서 말하는 원래 상태는 구약성경 시대의 생활이다. 그리고 간헐적 단식에서 말하는 원래 상태는 선사시대 인류의 조상들이 겪었던 기아와 풍요의 주기다. 구석기 다이어트는 그보다도 더 거슬러 올라가 원시인처럼 수렵과 채취로 얻은 식량만 먹던 시절로 복귀하자고 제안한다. 프루테리언fruitarian•은 에덴동산에서 과일, 채소, 견과류만 따먹던 아담과 하와의 다이어트가 최고라고 말한다. 거의 모든 다이어트는 현대사회의 과잉으로부터의 탈출과 보다 더 진정한 삶으로의 복귀를 약속한다.

그러나 탈출을 위해 다이어터가 걸어야 할 길은 문명의 이기를 활용한 통제와 규제를 받는다. 대부분의 다이어트는 언제 무엇을 먹을지를 엄격하게 규정한 식단표를 제시한다. 또한 다이어트가 진행됨에 따라 어느 단계에 어떤 식단이 적합한지까지 지정한다. 터너는 체이니가 창시한 다이어트에서 이미 이러한 엄격한 합리화 및 미시적 규율이 나타났다고 분석한다. 체이니는 독자들을 위해 매우 자세한 식단표를 짜서 따르게 했다. 현대 다이어트도 비슷한 미시적 규율과 자기감시를 요구한다. 다이어터는 칼로리를 계산하고, 식사량을 꼼꼼히 체크하고, 지속적으로 체질량지수BMI를 파악하고, 다이어터 모임에 나가 고해성사를 하고, 다이어트 코치에게 상담을 받고, 체중을 주기적으로 공개당하고, 다이어트 웹사이트에 가입해 출석체크를 하고, 다이어트 관련 서적을 탐독하고, 다이어트 일지를 작성하고, 컴퓨터 프로그램을 이용해 매일

섭취한 음식을 기록해야 한다(그 기록을 SNS에 공개하면 더 좋고). 한 페미니스트 다이어트 비판론자는 "음식에 대한 모든 생명체의 순수한 욕구를 부정할 수 없다 보니, 우리는 육체를 자제력에 방해가 되는 이질적 존재로 간주하고 적대시할 수밖에 없다"고 말한다.[34]

과거 웨이트워처스Weight Watchers•• 회원으로 위와 같은 통제를 경험했던 크레시다 헤이스의 생생한 증언을 들어보자. "다 큰 어른들을 상대로 아무리 사소한 행동도 그토록 철저히 규제하고 아무리 작은 일탈도 그토록 심각하고 경직된 태도로 나무라는 집단은 태어나서 처음 봤다."[35] 헤이스는 다른 웨이트워처스 회원들이 회사가 실시하는 (칼로리 계산이나 체중 공개 같은) 규율과 통제를 너무나 빨리 받아들이는 것을 보며 의아했다고 회상한다. 헤이스의 증언에 따르면, 그들은 "균형 감각을 완전히 상실한 채" 아주 미세한 체중 변화와 다이어트 규칙 사수에 광적으로 집착하기 시작했다. 극도의 자제력을 요하는 체제에 몸을 맡기면서 행동뿐만 아니라 자기 이해까지 변해갔다. 또한 자기관리의 일상화를 간섭으로 보지 않았다. 오히려 만족감과 자기발전의 원천, 더욱 나다워지

• 육류는 물론 식물의 뿌리나 줄기를 거부하고 열매만 먹는 사람.

•• 미국의 다이어트 제품 및 서비스 브랜드로, 오프라 윈프리가 투자한 회사로도 유명하다.

는 길로 보았다. 또 다른 다이어트 업체 '슬리밍 월드'의 표현대로, 다이어트 규칙은 '당신이 진정으로 되고 싶은 사람으로 지금부터 영원토록 거듭나는 길'인 것이다.

내가 무엇을 먹는지 나만 알고 있으면 된다는 생각은 더 이상 통하지 않는다. 1장에서 이미 살펴보았듯이, 많은 기업들이 직원 건강증진 사업에 발 벗고 나섰다. 구글이 그런 노력의 일환으로 셰프를 고용한 것은 유명한 사례다. 그 셰프의 임무는 직원들이 서로에게서 그리고 책상에서 떨어지지 않게 하고, 생산성을 저해할 만한 나쁜 식습관을 갖지 못하게 하고, 점심을 먹으러 회사 밖으로 나가거나 점심 약속을 잡는 일로 시간낭비 하는 것을 막고, 직원들 사이의 동질감을 높이는 것이다.[36] 그러나 그가 스스로 말하는 자신의 가장 중요한 역할은 직원들에게 자신은 일하는 게 아니라 크루즈를 탔거나 리조트에 와 있다는 '착각'을 불러일으키는 것이다.[37]

직원의 식단까지 규제하려는 시도는 첨단기술업체에만 국한된 것이 아니다. 요즘 거의 모든 일반 기업에서 으레 시행하는 정책 중 하나가 건강 관련 특강이다. 덴마크의 과체중 공무원을 상담하던 나나 믹메이어는 이들이 받는 비만치료가 건강한 식습관에 대한 개인의 책임을 상당히 강조한다는 점을 발견했다. 한 관리자의 다소 거친 표현을 빌리자면, "우리는 직원 개개인이 자신의 인생과 개인 사정, 자신의 뚱뚱함에 대해 스스로 최대한 책임지길 원합니다"라고 말한다.[38] 개인이 책임을 다하면 체지방 속 어딘가에 숨어 있던 진정한 자아를 찾을 수 있다는 것이다.[39] 전형적인 개입의 사례로, 체중감량 캠프에서 건강 컨설턴트가 참가자에게 자신의 의지력을 찾아보라고 강권한다. "그 과자는 늘 당신에게 손짓합니다. 과자의 유혹을 이겨 내려면 자신의 의지력이 자랄 공간을 만들어야 하는데… 의지력은 당신 안 어디쯤 있을까요? 무릎? 옆구리? 등? 어디에 있을까요?" 참가자가 대꾸한다. "죽었다 깨어나도 모르겠소."[40]

앞서 소개한 트럭 제조사 '스카니아'도 단적인 예다. 이 회사는 직원에게 건강에 좋고 영양가 풍부한 조식과 중식을 제공할 뿐만 아니라 가정에서도 건강식을 실천하도록 장려한다. 또한 '위험군'으로 분류된 직원은 '건강 학교'에 보내 건강한 생활방식을 배우게 한다. 나아가 직원이 자신의 생활을 관리할 수 있도록 다양한 도구와 방법을 총망라한 '스카니아 BMI 프로그램'이라는 시스템을 운영하고 있다. 한 직원은 "운동을 하고 몸에 좋은 음식을 먹고 야외활동을 즐기면서 건강을 챙기는 게 이제는 이 회사의 일상이 되었다"고 설명했다.[41] 그러나 이는 회사가 고용한 행동학 전문가의 말대로, "독서도 안 하고, 하릴없이 텔레비전이나 보고, 패스트푸드나 먹고, 운동은 절대 안 하는 사람은 결국 회사 입장에서도 매력 없고 쓸모없는 직원으로 보일지 모른다"는 뜻이기도

하다.[42]

직원의 식단을 규제하려는 기업들의 공통점은 건강식을 강제한다는 인상을 주지 않으려고 애쓴다는 것이다. 회사는 개개인이 '올바른 선택'을 할 수 있도록 격려하는 조력자일 뿐이라고 강조하며 빅브라더식 감시와 간섭이 아니냐는 비판을 피하려고 한다. 사회학자 니콜라스 로즈Nikolas Rose의 표현대로, "시민 개개인을 건강증진 노력의 적극적 파트너로 만들어 자기 웰빙은 자기가 책임진다는 의식을 수용하게 만드는 것"이다.[43]

개인의 책임을 강조하는 것은 과거에는 그의 자제력과 의지력이 부족했다고 암시하는 일이기도 하다. 다시 말해 지금까지는 어린애처럼 행동했다고 말하는 것이다. 바로 이러한 대상의 '유아화'가 대부분 식단 통제의 특징이다. 호화 유람선 여행을 하고 있다고 속아야 하는 구글 직원, 실종된 의지력이 신체 부위 어딘가에 숨어 있다고 상상해야 하는 덴마크 공무원, 건강 학교를 다녀야 하는 스카니아 직원을 떠올려보시라.

다이어터의 절대 다수는 일시적으로 다이어트 효과를 보다가 다시 예전 체중으로 돌아간다. 이들은 실패에 대한 실제 경험과 불길한 예감에 시달리며 산다. 예를 들어 한 연구조사에 응한 IT담당이사는 건강식 프로그램에 참여하고 있지만 "오늘 점심으로 햄버거를 먹을 것"이라고 단언했다. 하지만 프로그램에 참여하면서 배운 것도 있다고 조사자에게 해명한다. “버거킹에서 제일 몸에 좋은 햄버거를 고를 것”이라고.[44] 비만이 전염병처럼 퍼지는 현상에 경종을 울리는 일도 마찬가지다. 비만에 대한 불안감만 증폭시키고 정작 경계해야 할 바로 그 행동들을 없애지는 못하기 때문이다.[45]

이러한 반복적 실패는 다이어트가 즐거움과 행복, 자아실현의 원천만은 아니라는 사실을 상기시킨다. 다이어트는 죄책감 같은 어두운 감정의 원천이기도 하다. 글로리아 스턴헬Gloria Sternhell이 지적하듯이, “사람들 대화에 유혹, 죄, 죄책감, 수치심 따위의 단어가 등장하면, 화제는 열에 아홉 섹스가 아니라 음식이다.”[46] 고질적 죄책감에서 벗어나기 위해 우리는 더 철저한 자기관리에 몰두한다. 예를 들어 《5:2 다이어트 북5:2 Diet Book, 해피해피다이어트, 형설라이프》의 저자 케이트 해리슨Kate Harrison은 자신이 겪었던 실연, 해고, 사별, 금전 문제 등을 나열하면서 “그럴 땐 과자 한 조각 아니 반 봉지가 나 자신을 위로할 제일 값싼 수단”이라고 말한다. 그러나 이런 경고도 덧붙인다. “위로받으려고 먹었다가 다시 죄책감에 시달리는 그 익숙한 악순환에 빠지면, 건강은 요원해질 수밖에 없다. 불쾌감에서 벗어나려고 뭘 먹었는데 결국 또 실패했다는 패배감에 젖는 꼴이다.”[47] 그런데 일주일에 두 번 단식을 하면서 스턴헬은 “죄책감에서 벗어났다”고 말한다. 그에게 다이어트는 체중감량과 건강개선 이상의 의미를 갖는다. 그

에겐 죄책감을 덜어주는 수단이기도 한 것이다.

그러나 바우만이 지적하듯 다이어트는 죄책감을 덜기보다는 반대로 더하는 효과를 낳기도 한다. 바우만의 주장에 따르면 대부분의 다이어트는 다음과 같은 메시지를 내포한다.

> 나는 내 몸을 배려하고 보살필 의무가 있다. 그 의무를 저버리면 죄책감과 수치심을 느껴야 한다. 내 몸의 결함은 나의 죄이자 수치다. 하지만 그 죄로부터의 구원은 죄인의 손, 오직 그의 손에만 달려 있다.[48]

다이어트와 죄책감의 연관성은 여러 연구를 통해 규명된 바 있는데, 그중 한 연구에 참여한 사람은 자신의 심리를 이렇게 설명했다. "다이어트 식단표에 없는 음식을 먹자마자 죄책감이 밀려오고 기분은 완전 바닥을 쳐요."[49] 이러한 심리는 이례적인 게 아니다. 다이어트를 해본 사람의 33퍼센트가 다이어트 이후 오히려 더 큰 죄책감을 느낀다는 덴마크의 조사 결과도 있다.[50] 자기 식단을 꼼꼼히 모니터링하는 사람은 보통 사람보다 더 강도 높은 죄책감에 시달린다고 한다.[51] 다이어트는 대인관계 다음으로 가장 흔한 죄책감 유발 원인으로 꼽힌다.[52]

다이어트가 죄책감을 유발한다는 말은 프로이트에게 너무나 당연한 말일 것이다. 그는 《문명 속의 불만Das Un behagen in der Kultur》에서 죄책감이란 초자아가 자아의 계획과 의사를 폭압적으로 억누르면서 발생하는 감정이라고 설명한다. 때때로 초자아는 (회사 사장, 다이어트 코치와 같은) 실존 인물의 형태를 띤다. 하지만 대부분의 경우, 우리는 이러한 권위자를 내재화한다. 그렇게 되면 "초자아는 권위자와 똑같이 죄 많은 자아를 불안에 떨게 하고 외부적 처벌을 받게 할 기회를 노린다."[53] 이러한 상태는 비극적 결말이 정해져 있다. "금욕을 맹세해도 더 이상 온전한 해방감을 느끼지 못하고, 착실하게 자제해도 더 이상 사랑으로 보상받지 못한다. 외부적 권위자가 사랑을 거두거나 처벌을 가할지 모른다는 외부적 불행의 위협은 이제 끝없는 내부적 불행과 죄의식이 주는 긴장감으로 대체되는 것이다."[54] 외부적 권위를 내재화한 사람은 사장(또는 다이어트 코치)의 눈치 볼 일은 없겠지만, 대신 벗어날 수 없는 죄책감을 안게 된다. 게다가 이 내부적 권위자는 매우 공격적이다. 지극히 사적인 버릇까지 고치려 들며 우리를 애 취급하는 외부적 권위자를 향한 증오심은 우리 자신을 향한 증오심에 비하면 아무것도 아니다.

죄책감이 고통스러운 갈등만 유발한다면 금방 신물나기 마련이다. 죄책감이 그토록 끈질기게 우리를 괴롭힐 수 있는 이유는 쾌감도 주기 때문이다. 정치학자 제이슨 글리노스 Jason Glynos는 할 일을 자꾸 미루고 담배를 끊지 못하는 자신을 보며 엄청난 죄책감에 고통스러워하면서도 동시에 만족감을 느낀다고 고백한다.[55] 그렇게 죄(?)를 짓는 순간 느끼는 쾌감이 오히려 자신을 노동과 웰니스의 도덕률에 더 빠지게 만든다고 지적한다.

죄책감은 개별적 경험에 머무르지 않고 사회적 경험이 되기도 한다. 글리노스의 고백을 더 들어보자. 그는 회사 건물 밖으로 나가 근처 공터에서 동료들과 함께 담배를 피운다고 한다. 발암물질을 흡입하며 밀회를 즐기는 이 흡연자들을 하나로 묶어주는 것은 영국 촌구석에 드리운 암울한 그림자나 회사에 대한 뒷담화만이 아니다. 공범의식이 이들을 단결시켜주는 것이다. 담배 첫 모금이 주는 작은 집단적 안도감은 니코틴 때문만은 아니다. 웰니스 윤리를 단체로 범했다는 쾌감도 한몫한다. 죄악시되는 습관을 집단적으로 즐기면서 일종의 집단적 정체성이 형성된다. 이것이 파스칼 브뤼크네르가 말하는 '자해적 정체성', 즉 처벌을 통해 늘 자기 존재를 재확인하는 집단적 자의식이다.[56] 이러한 정체성을 지닌 집단은 단체로 벌을 받음으로써 연대의식을 키워간다. 다이어터 커뮤니티도 마찬가지다. 이들 역시 체중계의 줄어드는 숫자로만 하나가 되는 게 아니라, 어떻게 다이어트 금기를 깼는지 고백하면서 서로 엮이게 된다.

이렇듯 다이어터 커뮤니티의 결속력은 집단적이고도 은밀한 허물과 죄책감에서 비롯된다. 그런데 그 허물과 죄책감은 다이어터가 그토록 멀리하려고 애쓰는 것에 그를 더 단단히 결박시키기도 한다. 다니엘 플랜이든 5:2 다이어트든, 모든 다이어트는 단지 합리적 자기 보존이나 새로운 자기 이미지 창출이나 경제철학자 필립 미로스키Philip Mirowski가 말하는 '일상적 신자유주의'의 규범을 따르는 데 그치지 않는다.[57] 수백만 명의 다이어터들이 지키지도 못할 약속을 하며 지금보다 더 뚱뚱해질지도 모를 길로 자발적으로 들어서는 데는 또 다른 가려진 이유가 있다. 다이어트는 죄책감을 덜어주기보다는 오히려 심화시킨다. 그런데 이 죄책감은 분명 불쾌한 감정이긴 하지만 따분한 일상에 매력을 더해주기도 한다. 그렇다 보니 적정 체중을 초과한 사람들이 다이어트에 집착하는 건 놀라운 일이 아니다. 무언가를 죄악시해놓고 계속 그 죄를 짓는 운명이 그 죄의 매력을 더욱 돋보이게 하기 때문이다. 게다가 다이어트는 죄책감과 공범의식으로 사람들을 단결시키는 '보너스'까지 제공한다. 무엇이든 허용되고 사회적 유대는 점점 약해지는 사회에서, 일상생활에 짜릿함을 더하고 외로움을 달랠 손쉬운 방법이 바로 다이어트인 것이다.

죄책감은 다이어트뿐만 아니라 더 넓게 보면 웰니스 신드롬에서도 중요한 역할을 한다. 건강하라는 명령의 근간에는 공공연한 메시지가 깔려 있다. 스스로 다이어트 족쇄를 차고 체중을 의식적으로 관리하며 (구석기든 구약성경이든 에덴동산이든) 어떤 상상 속의 '원래 상태'로 돌아가려고 노력하지 않는 자는 도덕적으로 타락한 자라는 메시지다. 하지만 그렇게 다이어터의 길을 택한다 해도, 그 길의 끝은 좌절일 가능성이 크다. 피할 수 없는 실패에 따르는 끈질긴 죄책감은 따 놓은 당상이다. 그것도 모자라 그 죄책감은 우리를 유혹하기까지 한다. 같은 죄를 저지른 사람에 대한 동류의식을 느끼게 할 뿐만 아니라, 더더욱 웰니스 신드롬의 포로가 되게 한다.

하지만 아무리 죄책감이 주는 숨은 이점이 있다고 해도, 죄책감은 결코 지속시키기 쉬운 감정이 아니다. 요즘처럼 유쾌하고 주관이 뚜렷한 성격이 모두에게 요구되는 상황에서는 더더욱 그렇다. 웰니스 명령을 실행하지 못하는 필연적 실패와 그 실패에 따른 불편한 죄책감에 대처하는 한 방법은 그런 부정적 감정을 타인에게 투사하는 것이다. 지금부터 편리한 투사의 대상으로 제격인 인물, 이름하여 차브chav를 소개하겠다. 차브는 '난폭한 혹은 천박한 공공임대주택 거주자Council House And Violent(or Vulgar)'라는, 근래에 부상한 특정 계층을 지칭하는 약어다.

"하층민은 냄새가 난다"

영국 인기 드라마 〈리틀 브리튼〉에 비키 폴라드라는 캐릭터가 처음 등장했을 때, 시청자들은 그녀를 한눈에 알아보았다. 영국 사람들에게는 익숙한 특정 계층과 문화의 전형이었기 때문이다. 비키는 캐주얼 운동복 차림에 과체중, 성욕 과잉의 통제불능 노동계급 소녀 또는 여성으로, 공공의 안전과 질서 그리고 무엇보다 중산층 감수성과 도덕성을 어지럽히는 민폐 캐릭터였다.

《타임스》에 실린 칼럼니스트 제임스 델링폴 James Delingpole 의 분석에 따르면, 비키가 대중의 상상력을 자극하는 이유는 이 캐릭터가 현재 영국사회의 가장 큰 골칫거리로 떠오른 몇몇 부류를 너무나 정확하게 구현하기 때문이다. 적개심과 호르몬, 알코올로 들끓는 드센 소녀 건달, 졸업하기도 전에 임신하는 것도 진로라고 생각하는 십대 미혼모, 희멀건 얼굴과 넘치는 뱃살에도 언제든 벗을 준비가 된 헤픈 여자가 그들이다.[58] 델링폴은 나아가 그런 부류는 실제로도 존재하며, 호가스William Hogarth의 그림 〈진 거리〉 속 피로에 찌든 노동계급 술주정뱅이 못지않게 사회 풍자의 대상으로 안성맞춤이라고 지적했다.

비키라는 캐릭터가 모든 사람들로부터 호응을 얻은 것은 아니었다. 정치평론가 오언 존스Owen Jones는 델링폴의 주장에 이렇게 반박했다. "비키 폴라드는 물론 백인 노동계급 아줌마의 망측한 캐리커처가 맞다. 엘리트 교육을 받은 부유층 남성 두 명이 창조한."[59] 존스는 《차브: 노동계급의 악마화 Chavs: The Demonization of the Working Class, 차브-영국식 잉여 유발 사건, 북인더갭》에서 비키 같은 캐릭터가 결코 일회적인 모습이 아니라고 주장한다.[60] 그보다는 노동계급을 부정적으로 재현한 수많은 이미지들 중 하나라는 것이다. 이 이미지들 속 노동자는 무책임하고 무기력하고 난잡하다.

이러한 이미지가 심심치 않게 등장하는 곳이 바로 리얼리티 프로그램이다. 리얼리티 프로그램 속 노동계급 여성들은 마셨다 하면 말술이고, 민망한 옷차림에, 싸움박질이나 하고, 공공장소에서 섹스하는 모습으로 나온다. 이런 현상을 분석한 사회학자 베브 스켁스Bev Skeggs는 노동계급 여성이 주류 미디어에서 '통치권 밖의 존재'로 그려진다고 지적했다.[61] 페미니스트 저메인 그리어Germane Greer의 표현을 빌자면, 이들은 '뾰족구두 위의 무정부주의'다. 목소리는 지나치게 크고, 정신은 산만하고, 입은 거칠고, 당연히 술에 취해 있다.[62] 하지만 더 중요한 것은 이 여성들이 자신의 몸에 대한 통제력을 상실했다는 것이다. 그러면서 스켁스는 〈국민 건강〉 〈먹는 대로 된다〉 〈체중감량왕〉 〈엑스라지 대 엑스스몰〉 〈민망한 몸매〉 등등 점점 늘어나고 있는 각종 비만 관련 프로그램을 상기시킨다. 이러한 프로그램들은 표면상으로는 늘씬한 전문가가 나서서 과체중 출연자의 식생활에 개입해 식습관을 고쳐주고 건강을 되찾아주는 과정을 보여준다. 그 과정에서 출연자는 자신을 바라보는 남들의 시선이 바뀌고, 더 중요하게는 자신의 시선도 바뀌는 경험을 하게 된다. 역시 익숙한 메시지다. 자기 인생에 대한 통제력을 회복함으로써 자존감도 회복할 수 있다는 것이다.

비만 관련 프로그램들은 대외적으로는 자력갱생을 표방하지만 마치 공공연한 비밀처럼 또 다른 암류가 흐른다고 스켁스는 지적한다. 스켁스가 보기에 이런 프로그램의 숨은 의도는 노동계급의 가정, 특히 어머니를 자신과 가족을 돌볼 능력이 없는 무책임한 사람으로 폭로하는 데 있다.[63] 이런 프로그램은 자기 한 몸도 건사하지 못하는 실패한 인생을 시각화하고, 삐뚤어진 주체성과 의지박약이라는 전염병과 잘못된 선택의 대가를 구경거리로 만들어 전시한다.[64] 그 전시효과 덕에 시청자들은 무책임한 생활과 몸에 대한 무절제가 어떤 결과를 초래하는지 상기하게 된다. 비만 프로그램은 사실 노동계급을 교육하는 도구가 아니다. 타깃 시청자는 오히려 중산층이다. 이들은 프로그램을 보면서 도덕적 우월감이나 혐오감, 그리고 가학적 즐거움 사이를 물 흐르듯 넘나든다.

여성이나 소수자를 대상화한 농담이 더 이상 용납되지 않는 시대에, 그나마 웃음거리로 삼아도 욕먹지 않는 얼마 남지 않은 대상 중 하나가 바로 뚱보다. 물론 뚱뚱한 남자는 늘 웃음거리가 되어왔다. 그러나 오늘날 희화화된 뚱보가 사람들의 비웃음을 사는 이유는 그 거구뿐만 아니라 그가 선택한 우둔한 라이프 스타일 때문이다. 이 테마를 십분 활용한 영국의 코미디 듀오가 있다. 리 넬슨이 무대 중앙에서 하층민 차브의 일상을 소재로 개그를 펼친다. 이 개그의 핵심요소는 십대 초보 부모의 미숙함이나 기초생활수급자의 사기행각을 소재로 들려주는 웃긴 이야기보다는 넬슨의 보조이자 뚱보 차브인 오믈렛의 역할이다. 이 캐릭터가 무대에서 주로 하는 역할은 개그가 펼쳐지는 내내 무대에 앉아 웃으면서 계속 군것질을 하는 것이다.

뚱뚱한 차브의 이미지는 대중문화에서 정치 영역으로까지 넘어갔다. 영국 보수당 소속 보건부 정무차관 애나 소우브리는 《데일리 텔레그래프》와의 인터뷰에서 옛날에는 가난한 집 아이들 태반이 영양실조였기 때문에 학교에서 제일 못사는 아이들을 "말라깽이"라고 놀렸는데 요즘은 모두 알다시피 그 반대라고 말했다.[65] "참 아이러니하게도" 요즘 아이들은 오히려 "넘쳐나는 나쁜 음식"을 원 없이 먹이는 부모들 때문에 더 고통받는다는 것이다. "우리 사회에서 가장 불우한 사람들이 부적절한 식생활로 고통받는다는 것은 정말 가슴 아픈 일입니다. 그런데 이번에는 넘쳐나는 나쁜 음식이 문제입니다." 소우브리의 말이다. 그의 주장에 따르면, 못사는 사람들은 제대로 먹을 줄 모른다. 게다가 올바른 생활구조도 갖추지 못했다. "아예 식탁이 없는 집도 많습니다. 텔레비전 앞에서 끼니를 때우는 거죠."

차브의 재현에서 일관되게 나타나는 주요 화제는 과식, 술, 섹스, 저속한 몸치장 등이다. 그리고 그런 경향이 마치 개인의 선택이나 가정교육의 결과인 듯 포장함으로써 차브의 행동을 도덕적 재단의 대상으로 삼는다. 대중은 비키 같은 캐릭터들이 얼마나 뚱뚱하고 건강이 안 좋고 술주정이나 하고 무례하고 옷차림이 비루한지에 집중하게 된다. 그들의 망가진 육체 그 자체와 그 원인인 자신을 돌볼 줄 모르는 무능함에 시선이 집중되는 것이다. 이렇게 사람을 재단하는 데는 하나의 공통된 근거가 있다. 바로 역겨움이다. 사회학자 이모겐 타일러Imogen Tyler는 비키가 중산층 시청자의 웃음을 자아내는 지점은 술 마시고 욕을 하고 담배를 피우는 모습이라고 주장한다.[66] 그것도 모자라 비키는 시청자가 마음껏 역겨워하도록 수영장에서 소변을 보기까지 한다.

역겨움이라는 감정은 타인의 공중도덕, 문화적 교양, 양육방식, 패션 감각, 성적 행동, 식습관 등을 재단하는 근거가 된다. 영국 중산층이 노동계급에 대해 언급할 때 사용하는 단어도 역겨움과 연관된 단어들이다. 조지 오웰은 《위건 부두로 가는 길The Road to Wigan Pier》에서 이렇게 지적했다.

> 서양에서 계급을 구분할 수 있는 진짜 비결, 유럽의 부르주아 중 자칭 공산주의자라고 해도 의식적으로 애를 쓰지 않는 한 노동자를 자신과 동등한 사람으로 대하지 못하는 진짜 이유가 있다. 그것은 사람들이 요즘에는 내뱉기 조심스러워하지만 내가 어렸을 적에는 아무렇지 않게 주고받았던 무시무시한 말 한마디로 압축된다. '하층민은 냄새가 난다.'[67]

중산층은 자아 자체가 '아랫것들'과 대조적으로 형성되었기 때문에 아랫것들이 그들에게 자아내는 감정은 혐오감뿐이라고 사회학자 스테파니 롤러Stephanie Lawler는 지적한다.[68] 중산층의 도덕적 시선이 노동계급을 향할 때 우러나오는 감정은 역겨움이라는 것이다. 도덕적 재단의 대상은 빈곤 관련 통계에서 중시하는 지표, 예컨대 노동계급의 직업, 소득, 학력 따위가 아니다. 무엇을 먹고 마시고 입는지, 얼마나 뚱뚱하고 헤픈지가 관심사다. 노동계급의 행동을 역겨워하고 더 중요하게는 그 역겨움을 표출함으로써 중산층은 '역겨운' 노동계급으로부터 자신을 분리한다는 게 롤러의 지적이다.

역겨움은 직감적 판단을 수반한다. 냉철한 이성이 아닌, 그렇다고 격한 감정도 아닌, 생리적 반응이 판단의 근거가 되는 것이다. 어떤 사람을 역겹다고 말하는 것은 그 사람을 보면 '속이 메스껍다'는 뜻이다. 순전히 신체 내지 생리적 반응에 근거하여 사람을 재단하는 것이다. 데이비드 흄은 바로 이 점을 인식하여 이성보다 감성이 도덕적 판단의 근거가 되는 경우가 많다고 지적했다. 그는 "이성은 열정의 노예이며 열정에 봉사하고 복종하는 역할 외엔 그 어떤 역할도 할 수 없고 그래야만 한다"는 명언도 남기지 않았는가.[69] 심리학자 조너선 하이트Jonathan Haidt가 흄의 이론을 확장하여 세운 가설에 따르면, 인간은 도덕적 문제에 부딪혔을 때 순간적으로 '직감적 판단'을 하는 경향이 있다.[70] 그렇게 판단을 내린 후

에야 이성적으로 그 판단을 합리화한다. 하이트는 이 가설을 입증하기 위해 동료 연구자들과 함께 (주로 제자들을 대상으로) 각종 실험을 했다. 연구진은 피해는 전혀 없되 직감적 반응을 일으키도록 연출한 시나리오를 피실험자에게 들려주고 도덕적 판단을 내리라고 했다. 예를 들어보겠다. "한 남자가 일주일에 한 번 마트에 가서 닭 한 마리를 사온다. 그리고 닭을 요리하기 전에 닭과 성교를 한다. 그런 다음에 닭을 익혀서 먹는다."[71] 이러한 상황을 접한 기분이 어떠하냐는 질문에 피실험자 대다수는 즉각적으로 도덕적 판단을 내리고 혐오스럽다고 답했다. 왜 혐오스럽냐는 질문을 받자 피실험자는 합리적으로 설명하는 것을 힘들어했다. 이러한 실험을 수차례 거친 하이트와 연구진은 인간의 도덕적 상상이라는 공간의 원주민은 역겨움처럼 몸으로 느끼는 감정이라고 결론지었다. 이성은 그 공간에 나중에 끼어드는 침입자라는 것이다. 때문에 즉각적으로 내려진 도덕적 판단은 뒤집기가 어렵다.

혐오감이 과연 원초적 감정인지 아닌지를 떠나서, 이 혐오감을 기반으로 생성된 것이 정치학자 앙주마리 행콕Ange-Marie Hancock이 말하는 '혐오의 정치'다.[72] 1990년대 중반 클린턴 행정부의 복지개혁을 분석하면서 행콕은 공론의 장에 새롭게 등장한 인간상을 발견한다. 바로 '복지 퀸Welfare Queen'이다. 복지 퀸은 대부분 유색인종이고 남편 없이 자녀 여럿을 키우면서 복지제도에서 받는 지원금으로 생계를 유지한다.

복지 퀸은 대서양 건너 사는 차벳(Chabet, 차브의 여성형)의 사촌뻘쯤 되겠다. 차벳과 마찬가지로 복지 퀸에게도 늘 역겹다는 반응이 따라다닌다. 혐오감이 정치 영역으로 들어서면 민주적 숙의는 독설에 찬 독백에 밀려난다. 그리고 같은 부류에 속한 사람들은 모두 같은, 전형적 (역겨운) 특징을 가졌을 거라는 선입견이 형성된다. 이로써 사람들은 조금이나마 느낄 수 있던 연대의식까지 버린다. 그리고 역겹다고 낙인찍힌 부류와는 말 섞기도 싫어하고 몸이 닿는 건 더더욱 끔찍해 한다. 우리가 무언가 또는 누군가에 대해 혐오감으로 반응하면, 지나치게 섣부른 도덕적 판단을 내리는 길을 여는 것과 마찬가지다. 그러다 보니 혐오감에서 비롯된 판단이 도덕성과 깊은 연관이 있다는 사실은 놀라운 일이 아니다.

수년 전, 문화인류학자 메리 더글라스Mary Douglas는 여러 문화권에서 오물과 불결함이 도덕적 불순함과 깊이 연결되어 있다는 사실을 발견했다.[73] 예를 들어 많은 종교에서는 특정 음식이나 사람, 활동들을 금지했는데, 더럽거나 위험하다는 것 외에 도덕적으로 문제가 있다는 것도 이유가 되었다. 이는 혐오감에서 비롯된 판단의 근거는 다름 아닌 도덕성임을 시사한다. 우리가 누군가의 옷이나 습관, 음식을 보고 역겹다고 말하는 것은 그 누군가의 도덕성에 문제가 있다는 암시이기도 하다. 차브라는 인간상은 완벽한 인간이 거부하는 삶을 그대로 대변하기 때문에 쓸모가 있는 것이다. 차브는 웰니스 신봉자와 모든 면에서 정반대의 특징을 구현한 인물이다. 저질 체력에 과체중에 무례하고 민폐나 끼치는 데다 만사에 부정적이다. 그런데 차브는 웰니스 신드롬의 덫에 걸린 사람들이 자신을 괴롭히는 죄책감을 투사할 편리한 대상이기도 하다. 현재형 인간이 새벽 스피닝 수업을 빼먹은 죄책감을 덜 수 있는 간편한 방법은 텔레비전을 틀어 〈민망한 몸매〉를 보면서 '그래도 난 저 정도는 아니지'라고 자위하는 것이다.

뚱뚱한 차브에 대한 역겨움으로 현재형 인간은 일시적으로 죄책감을 덜 수는 있다. 그러나 사려 깊고 의식 있고 사회에 관심 많은 현재형 인간의 성격상 이러한 역겨움이 불편할 수밖에 없다. 그 모순이 본격적으로 드러나는 것을 예방하기 위해 어떤 생명도덕군자들은 자신의 완벽한 세상 밖으로 도움의 손길을 내밀기도 한다. 19세기 자선사업가의 정신을 되살려 타락하고 역겨운 자들을 구제하기 위해 나서는 것이다. 그런데 어떻게 구제할 것인가. 임대주택 확충으로? 기본소득 보장으로? 건강보험으로? 아니다. 현재형 인간이 찾은 해답은 '유기농 야채 베이크 요리법'을 가르쳐주는 것이다.

영국을 구제한 포카치아

2000년대를 풍미한 예능 장르 중 적어도 영국에서 가장 인기를 끌었던 건 요리 프로였다. 다양한 요리 프로그램들이 각각 이상적 위치를 점하며 특정 계층에 어필했다. 표준체중을 살짝 벗어났지만 불어난 몸을 글래머라고 믿고 싶은 중산층 전업주부에게는 깡마른 몸매를 거부하는 스타 요리연구가 니겔라 로슨 Nigella Lawson을 보는 게 낙이었고, 동네 고급 슈퍼에서 장을 보면서 지중해의 이국적 마을로 여행을 꿈꾸는 권태기 중년 남성의 욕망은 세계기행 요리연구가 릭 스타인 Rick Stein이 채워주었고, 친하지도 않고 재미도 없는 지인들을 위해 저녁상 차리는 일로 주말을 허비하지만 전원생활의 꿈을 포기하지 못하는 교사의 답답함은 자연주의 요리연구가 휴 피언리 휘팅스톨 Hugh Fearnly Whittingstall이 달래주었고, 평범한 회사원의 가면 뒤에 숨어 있다가 퇴근 후 고깃덩어리를 두들겨 패며 쌓인 분노를 푸는 사디스트에게는 악마 셰프 고든 램지 Gordon Ramsay가 제격이었다. 그리고 물론 제이미 올리버 Jamie Oliver가 있었다.

포스트모더니즘 담론에서 제이미 올리버가 유독 흥미를 끄는 이유는 그의 눈부신 성공도, 멀티미디어 비즈니스 제국을 세운 그의 사업가적 기질도, 중산층의 요리 풍습을 가벼운 노동계급의 언어로 해설할 줄 아는 그의 약삭빠름도 아니다. 그보다는 '화려한 마술'에 능하기 때문이다. 납작하게 구운 이탈리아 전통빵인 포카치아 같은 음식이 일단 올리버의 마법에 걸리면, (런던 템스 강이 내려다보이는 터무니없이 비싼 이탈리안 레스토랑인) 리버 카페의 메뉴에서 혈기왕성한 남성미를 (포르노 잡지와 축구 경기 중간쯤 끼워 넣어) 뽐내는 수단으로, 서먹해진 가족이 (캠핑 가서 숯불 위에 포카치아를 구워 먹는 것으로) 진정한 교감을 나누게 하는 비결로, 급기야 세계 곳곳 불우한 환경 속에 방치된 아이들을 구제할 해법으로까지 둔갑이 가능하다. 영국 요리계 역사에서 제이미 올리버가 차지하는 독보적 지위는 그의 요리실력 덕도, 호불호가 갈리는 그의 개인적인 매력 덕도, 그가 즐겨 입는 멋진 셔츠 덕도 아니다. 그가 '쿡방의 신'이 된 것은 음식 하나로 거의 모든 사회문제와 개인적 문제를 해결할 도덕적 대책을 내놓기 때문이다. 올리버는 현대사회에 보편화된 관념, 즉 제대로 된 식생활만 갖추면 자기 의도와 상관없이 도덕적으로도 좋은 사람이 될 수 있다는 관념의 대표적 주창자다.

제이미 올리버의 천재성을 가장 여실히 보여주면서 그를 '요리 이념화'의 선구자로 만들어준 계기는 아마 〈제이미의 학교급식〉이라는 획기적 프로그램일 것이다. 제이미 올리버는 이 유명한 프로그램을 통해 못사는 동네의 한 학교에 들어가 급식 메뉴를 바꿈으로써 학생들의 인생까지 바꾸고자 했다. 첫 방송은 예상했던 대로 아이들의 활동량 감소, 지방 및 당분 섭취량, 이에 따른 장기적 건강 위협 등 급증하는 소아비만과 관련된 충격적 사실을 열거하면서 출발했다. 이어서 시청자에게 교내 식당의 실상을 보여줌으로써 앞서 소개한 역학적 통계가 구체적 현실로 다가오게 했다. 요리계의 교도소와 같은 이 공간의 어린 재소자들이 먹을 수밖에 없는 음식들 중 가장 경악할 만한 것은 단연 정체불명의 잡육으로 만든 막대 아이스크림 모양의 육가공품 '터키 트위즐러'였다. 이렇게 배경을 설정한 뒤, 올리버는 런던 남부에 위치한 이 학교의 급식 메뉴를 바꿔서 학생들의 인생을 역전시킬 캠페인을 시작했다. 햄버거와 감자튀김이 메뉴에서 빠지고 야채빵이 등장했다. 이야기에 극적 재미를 더하기 위해 우리의 영웅적 셰프와 그의 팀은 교내 식당에 들어서자마자 과로에 허덕이는 식당 직원들과 이미 불량식품에 길들여진 아이들의 반발에 부딪혔다. 엎친 데 덮친 격으로, 학교에서 굶는 자식을 보다 못한 학부모들이 (감자튀김 같은) 고지방 음식을 학교로 배달해주는 사태까지 발생했다.

그러나 올리버는 영웅답게 식당 직원들을 자기편으로 만들고, 야채 이름을 학생들에게 가르쳐주고, 건강식의 장점을 학부모에게 설명하여 마침내 모든 반발을 잠재우는 데 성공했다. 그리고 그 성공은 프로그램에 등장한 그 학교만의 승리가 아니라 전국 모든 학교의 승리로 포장되었다. 25만 명이 넘는 시민들이 방송을 보고 분개하여 학교 급식의 품질 개선을 요구하는 진정서를 발의했다. 그리고 토니 블레어 같은 전국구 정치인의 관심을 끌면서, 모든 학교는 아이들에게 건강한 음식을 제공할 의무가 있다는 식의 선심성 공약이 탄생하기도 했다. 하지만 보다 실질적인 진전도 있었다. 지자체가 나서서 터키 트위즐러나 탄산음료 같은, 유독 미움받던 식품을 학교에서 판매하지 못하게 했다. 중앙정부는 6천만 파운드에 이르는 학교급식 발전기금을 조성했다. 이러한 결과는 때마침 일어난 학교급식에 대한 여론 변화와 함께 대중에게 강렬한 인상을 심어주었다. 제이미 올리버가 흔하디 흔한 포카치아 하나로 '음식 혁명'을 일으켰다는 인상 말이다.

홍보 기회를 놓칠 리 없는 올리버는 자신이 시작한 음식 혁명을 후속 프로그램으로 이어갔다. 첫 후속편에서는 혁명의 진원지가 되었던 학교로 돌아갔다. 그리고 자신이 시작했던 개혁조치들이 정착하지 못하는 것을 보며 실패의 조짐을 포착했다. 올리버가 개발한 메뉴를 제공하는 식당은 수익이 줄어들고 있었고, 학생들은 각종 불량식품을 싸들고 등교하고 있었다. 올리버는 여러 가지 시도를 통해 문제 해결에 나섰다. 그중에는 '불량식품 사면위원회'라는 제도도 있었다. 아이들이 소지하고 있는 불량식품을 마치 총기처럼 압수하는 제도였다. 지칠 줄 모르는 올리버는 그 후 링컨셔에 있는 학교로까지 음식 혁명을 확산시켰다. 그 지역 학교급식에 들어갈 음식을 조리하기 위해 주변 식당과 술집 업주들을 설득해 주방을 빌려 쓰기도 했다.

또 다른 후속편에서 올리버는 사우스요크셔 로더럼으로 불량식품과의 전쟁을 확대했다. 이 지역이 선정된 이유는 영국의 비만 수도로 꼽히기 때문이다. 로더럼은 올리버의 음식 혁명의 가장 극렬한 반동분자 줄리 크리츨로우Julie Critchlow의 고향이기도 하다. 크리츨로우는 공립학교를 다니는 자녀들에게 햄버거, 감자튀김, 과자 등을 넣어주며 올리버의 바른 식생활 운동에 반기를 들어 잠시 세간의 주목을 받았던 인물이다. 크리츨로우는 자녀에게 비만을 불러올 음식만 먹인다는 비난을 받자 이렇게 대꾸했다고 한다. "애들이 뭘 좋아하는지는 내가 제일 잘 알아요. 근데 폴렌타polenta•는 절대 아니거든요."[74] 학교급식을 바꾸려는 올리버의 노력에 저항하는 행동이 널리 알려지면서, 크리츨로우는 생명도덕 반대파를 상징하는 인물로 인식되기 시작했다. 반격에 나선 올리버는 우선 어린 자녀 둘을 키우는 싱글맘 나타샤를 만났다. 나타샤가 발탁된 이유는 요리에 관한 지식이 거의 없기 때문이었다. 집을 방문한 촬영팀에게 나타샤는 불량식품이 가득한 냉장고를 보여주었다. 냉장고 속을 들여다본 올리버는 경악을 금치 못하고 자기 랜드로버 차로 후퇴하여 절망감에 치를 떨었다. "이런 빌어먹을… 여긴 빌어먹을 대영제국이야. 지금 2008년이라고. 나 남아공 슬럼가 소웨토에도 가본 사람이야. 거기 에이즈 고아들도 쟤들보단 잘 먹었다고!"

제대로 충격을 받은 올리버는 혁명 시즌2에 돌입했다. 이

• 옥수수 가루로 만든 이탈리아 전통 죽.

번에는 요리 초보 또는 문외한인 성인들을 대상으로 요리의 기초 상식을 가르치는 (그리고 배운 것을 남들에게 전파하게 하는) 캠페인에 착수했다. 한걸음 더 나아가 '식량부 Ministry of Food'를 설립하여 지역주민들에게 요리 배울 기회를 제공했다. '식량부'라는 명칭은 2차대전 때 실제로 존재했던 정부부처의 명칭을 그대로 쓴 것인데, 이로써 올리버의 새 캠페인은 전쟁의 악조건 속에서도 피어나는 인류애와 연대의식이라는 영국 문화의 가장 사랑받는 이념적 모티브를 차용하였다. 올리버의 노력은 어느 정도 성과를 거두었지만, 만만치 않은 반발에도 부딪혔다. 한번은 시립축구장에 모인 관람객 전원이 올리버의 '음식 교화'를 조롱하며 응원가 가사를 "그 많던 파이를 누가 다 먹어버렸나?"로 바꿔 불렀다고 한다. 지역주민 상당수가 올리버의 음식 혁명에 동조하지 않았지만, 영국의 지방의회 중 열여섯 곳이 올리버의 구상에 지지를 표명했다. 식량부도 지부를 다섯 곳에나 설립했는데, 현재 일부는 존립가능성이 불투명한 실정이다.

올리버의 프로그램은 생명도덕의 모든 구성요소를 담고 있다. 시청자로 하여금 특정 사람들이 먹는 특정 음식에 역겨움을 느끼게 한다. 그리고 식량부의 활약상을 통해 레시피도 못 읽고, 가스레인지도 쓸 줄 모르고, 감자를 으깰 줄도 모르고, 물이 어떻게 끓는지도 모르고, 심지어 아이들을 제대로 먹일 줄도 모르는 로더럼 주민들을 보면서 시청자의 도덕적 분개는 극에 달한다.[75] 문제의 원인이 계급 차이라는 게 뻔히 보이는데도 프로그램은 그 모든 게 단지 라이프 스타일의 문제인 양 재포장한다. 매일 저녁 감자튀김에 카레소스를 뿌려 먹는 것은 건강의 적신호일 뿐만 아니라 국운이 다한 영국의 도덕적 쇠락의 징후라고 경고한다. 그리고 마지막으로 제발 자기 건강과 웰빙은 스스로 책임지는 사람으로 살자고 호소한다. 물론 친절한 스타 셰프의 도움도 살짝 받아가면서. 이 프로그램의 취지는 리얼리티 프로그램의 전형에 기대 저학력·저소득 계층을 중산층 수준으로 끌어올리는 것이다.[76] 여기서 암시하는 메시지는 심각한 사회문제에 국가가 개입하면 문제만 더 커지니 국가적 개입에 기대지 말자는 것이다. 대신 우리에게 필요한 것은 이른바 '도덕적 사업가 정신', 즉 대단한 인물이 나타나 사람들의 잘못된 식습관을 고쳐주고 자기 건강은 자기가 책임지도록 격려와 영감을 불어넣는 것이다.[77]

이러한 음식 혁명에 우리가 경악하는 이유는 제이미 올리버가 야채 권장섭취량도 모르는 한심한 사람들의 모습을 수백만 명 앞에 적나라하게 노출시키는 기괴한 생명도덕의 원형 교도소를 만들었기 때문이 아니다.[78] (영국 빈민층 아이들의 교육기회 박탈 같은) 심각한 사회정책상의 문제를 요란한 식습관 개선 프로젝트로 해결할 수 있다고 단정하는 그 대담함 때문이다. 〈제이미의 학교급식〉 이하 모든 음식 혁명 아류작의 기저에는 광범위한 경제사회적 현안을 다루기보다는 식단을 바꿔 개인의 신체 조건을 향상하는 것이 더 바람직하다는 믿음이 깔려 있다. 〈제이미의 학교급식〉은 아이들의 운명을 결정짓는 것은 정부의 교육정책도, 영국의 고착화된 계급사회도 구조적 실업도 아니며, 글로벌 자본주의의 변덕은 더더욱 아니라는 가정에서 출발한다. 이 아이들의 운명은 아이들이 어떤 음식을 입에 넣느냐에 따라 결정된다는 것이다. 같은 맥락에서 터키 트위즐러가 퇴치해야 할 끔찍한 대상이 된 이유는 정체불명의 재료나 밥맛 떨어지는 색깔, 번들거리는 기름 코팅 때문이 아니다. 시청자들이 터키 트위즐러를 그토록 역겨워하는 이유는 이 막대 모양의 고기가 아이들이 학창시절부터 평생 당하게 될 온갖 차별과 불의와 모욕이 집약된 대속물이기 때문이다.

〈제이미의 학교급식〉은 왜 그토록 큰 공감을 일으켰을까? (복지국가 같은) 폭넓은 사안은 애써 외면한 채 점점 협소하게 행동 교정에 초점을 맞추고 정치적 이념은 물론 정치적 개입도 그 틀 안에서만 그나마 쓸모가 있다는 가정과 맞닿아 있기 때문이 아닐까? 정부의 공공서비스, 산업 정책, 젠더, 영국의 계급제도에 대한 문제제기는 정치적 의제에서 빠진 지 오래다. 대중의 입맛에 맞는 정치적 개입은 메뉴 변경과 몇 차례의 요리 강습으로 제한된다. 제이미 올리버 같은 중산층 개혁가가 어느 날 갑자기 세상의 고통에 눈뜨고 '무언가 해야 한다'며 나서게 하는 연민의 감정이 점점 더 편협한 경로로만 표출되고 있다. 이로써 정작 더 광범위하고 중차대한 사안과 정치적으로 정말 절실한 현안들은 다 논외로 밀려났는데도 분개한 중산층 운동가는 자기가 무언가 중요하고 구체적인 실천을 했다고 믿을 수 있는 것이다.

이것이 생명도덕의 논리다. 자신이 도덕률을 지키는 의로운 사람이라는 자만심을 느끼게 해주는 것이다. 생명도덕군자는 믿는다. 모든 사람들이 조금만 더 나처럼 또는 제이미 올리버처럼 살아도 세상은 훨씬 나아질 거라고. 더 행복한 세상일 뿐만 아니라 더 건강한 세상이 될 거라고.

3장 행복 독트린

행복해졌으니까 이제 우리 뭐하지?

사뮈엘 베케트, 《고도를 기다리며》[1]

정말로 진짜로 행복해지는 법

"인생은 끔찍하거나 괴롭거나 둘 중 하나야." 늘 초조해하고 말을 빨리 하는 영화 속 우디 앨런이 서점에서 죽음에 관한 신간을 뒤적이다가 여자친구에게 건넨 말이다. 앨런의 설명이 이어진다. "끔찍한 인생은 시한부 환자, 앞을 못 보는 사람, 거동이 불편한 장애인 같은 경우고, 나머진 다 괴로운 인생이지. 그러니까 괴로운 걸 고맙게 생각해. 괴로운 인생은 행운이니까."

긍정심리학의 대부 마틴 셀리그만Martin Seligman은 괴로운 인생을 행운으로 생각하지 않을 것이다. 그에게 프로이트적 겸손은 과대평가된 미덕이다. 견디기 힘든 괴로움을 보편적 불행으로 바꾸는 것은 결코 성과가 아니다. 셀리그만에게 중요한 질문은 "어떻게 인생을 2에서 7로 올리느냐의 문제지, -5에서 -3으로 올리느냐가 아니다."[2] 이 시점에서 저 숫자가 과연 과학적으로 산정한 건지 즉흥적으로 만들어 낸 건지를 따질 필요는 없다(행복학의 '과학적' 근거에 대해서는 앞으로 더 논할 필요가 있지만). 셀리그만에게 행복은 마치 원음을 충실히 재현하는 거대한 음향기기처럼 조절만 잘하면 더 크고 더 풍부해질 수 있는 무엇인 모양이다. 행복하겠다는 의지만 있으면 된다. 자기계발과 동기부여의 대가 지그 지글러Zig Ziglar의 표현대로, "난 이미 최고지만 더 최고가 될 수 있다."[3]

셀리그만은 1997년 미국 심리학회 회장으로 선출될 때부터 자신의 임기 동안 긍정심리학을 발전시키겠다고 공약한 사람이다. 그는 심리학의 부정적 측면을 프로이트가 활약하던 암울한 시대의 유산으로 여겼다. 따라서 그의 공약은 심리학의 긍정적 측면으로의 전향을 시사했다. 또한 심리학의 긍정적 측면에 초점을 맞춰 만인을 유익하게 해줄 방안을 모색하자는 제안도 공약에 포함되었다. 이에 따라 셀리그만과 그의 동료들은 100억 달러 규모의 자기계발 산업, 골드에이커가 '나쁜 과학'이라고 부르는 허술한 과학연구, 그리고 벤담의 '최대다수의 최대행복' 이론을 단순화시킨 버전을 결합시키는 데 성공했다.[4]

그러나 긍정심리학, 더 정확하게 말하자면 긍정적 사고는 셀리그만이 창시한 학문이 아니다. 그보다 더 오랜 역사를 지닌 개념이다. 칼럼니스트인 바버라 에런라이크Barbara Ehrenreich는 《웃거나 죽거나Smile or Die》에서 긍정적 사고의 기원이 칼뱅주의까지 거슬러 올라간다고 추정한다.[5] 칼뱅주의의 교리는 다양하지만, 핵심적으로는 성찰과 근면을 강조했다. 긍정적이거나 유쾌한 분위기와는 거리가 멀었다. 에런라이크의 표현을 빌리자면, 칼뱅주의는 '사회적으로 강요된 우울증'에 가까웠다.[6] 18세기와 19세기 미국이 처한 곤경에 완벽하게 부합하는 교리였다. 그러나 19세기 중반 더 좋은 시절이 도래하면서 칼뱅주의는 점차 인기를 잃게 되었다. 바로 그 무렵인 1860년대에 새로운 운동이 확산되기 시작했다. 바로 신사상 운동New Thought Movement이었다. 에머슨풍의 자연숭배, 스웨덴보리풍의 신비주의, 그리고 약간의 힌두교를 절묘하게 조합한 신사상은 칼뱅주의와 대조적으로 인간을 무한한 정신력을 지닌 신성한 존재로 여겼다. 그 정신력을 제대로 발휘하면 인간은 육체적 질병을 비롯한 그 어떤 역경도 이겨낼 수 있다는 게 신사상 운동의 믿음이었다.

19세기 후반으로 접어들면서, 우리는 칼뱅주의를 만병의 근원으로 적대시하기에 이르렀다. 그러면서도 칼뱅주의의 특징을 일부 물려받았다. 에런라이크가 지적하듯, 긍정적 사고는 "죄인을 단죄하는 가혹한 정죄의식과 끊임없는 자기성찰의 수고로움을 강요한다는 의미에서 칼뱅주의의 가장 지독한 특성을 계승했다."[7] (긍정의 힘으로 이루지 못할 게 없다는)

마법 같은 사고와 (실패하면 다 개인 탓으로 돌리는) 무한한 자기책임의 결합, 이것이 긍정적 사고의 본질이다.

긍정적 사고가 대중화된 건 노먼 빈센트 필Norman Vincent Peale의 《긍정적 사고의 힘The Power of Positive Thinking, 노먼 빈센트 필의 긍정적 사고방식, 세종서적》이 출간된 1952년부터다.[8] 개신교 목사인 필은 이 책을 통해 자신감을 회복할 수 있는 새로운 복음주의적 메시지를 제시했다. 기독교와 신사상에 대한 자신의 해석을 토대로 보통 사람들이 일상적으로 겪는 역경을 극복하는 데 도움을 줄 실용서를 내놓은 것이다. 다양한 사람들을 매료시킨 필의 메시지는 바닥난 자존감과 자신감 회복이 시급한 외로운 세일즈맨에게 특히 안성맞춤이었다. 필은 책 도입부에 신경쇠약 초기증세를 보이는 한 세일즈맨이 절박한 심정으로 자신을 찾아온 일화를 소개한다. 생사가 걸린 중요한 거래를 앞두고 있는 세일즈맨에게 필은 진정하라고 한 다음, 자신감을 북돋울 주문을 일러주며 진정될 때까지 계속 외우라고 했다. 물론 필은 세일즈맨을 진정시키는 데 성공했고, 그걸 다 자기 공으로 돌리는 것도 잊지 않는다. 자기계발서가 겸손을 미덕으로 보지 않는 장르임을 감안하면 이해 못 할 것도 없다.

자기계발서는 감상적인 일화와 지혜로운 명언을 이용하여 누구나 마음만 먹으면 놀라운 일을 이룰 수 있다고 독자를 설득한다. 이 장르의 신조는 인생은 오로지 자기 태도에 달렸다는 것이다. 필을 비롯한 이 장르의 저자들이 자처한 역할은 독자의 안내자다. 필은 《긍정적 사고의 힘》의 서두에서 자신의 책을 이렇게 소개한다. "이 시스템은 성공한 인생을 살게 해줄 완벽하고도 놀라운 방법이다."[9] 다시 말하지만, 그 바닥에서 겸손은 미덕이 아니다.

긍정적 사고의 핵심요소 중 하나는 성공에 대한 약속이다. 미국사회에서 높은 지위에 올라 부와 명예는 물론 넓은 정원과 높은 담장을 갖춘 대저택을 거머쥐겠다는 꿈을 직접 건드린다. 성공에 초점을 맞추는 경향은 데일 카네기의 《친구를 만들고 사람을 움직이는 방법How to Win Friends and Influence People, 시간과공간사》에서 성공철학자 나폴레온 힐Napoleon Hill의 《마음먹은 대로 부자 되기Think and Grow Rich, 놓치고 싶지 않은 나의 꿈 나의 인생, 국일미디어》에 이르는 1세대 자기계발서의 핵심적 특징이었다. 그런 책의 전형적 내러티브는 되는 일 하나 없이 고달프게 사는 사람을 주인공으로 내세워 그 주인공이 결국 긍정적 사고에 힘입어 자력갱생에 성공하는 과정을 그린다. 그 대표적인 예가 비누 파는 세일즈맨 풀러의 이야기다.[10] 풀러의 사연은 나폴레온 힐의 《긍정적 태도를 통한 성공Success Through a Positive Mental Attitude, 행동하라! 부자가 되리라, 도전과성취》에 소개된다. 어느 날 풀러는 부자가 되고 싶어졌다. 자기가 원하는 것에 정신을 집중하고 그렇게 머릿속에 그려진 그림을 자기 생활에 완전히 통합시킴으로써, 드디어 부와 성공을 손에 넣은 인생을 맞이하게 되었다. 힐은 이야기를 맺으면서 독자에게 이렇게 강조한다. "이 이야기에서 우리가 중요하게 봐야 할 점은 풀러가 대다수 사람보다 불리한 조건 속에서 출발했다는 것이다."[11] 따라서 독자도 얼마든지 풀러처럼 인생을 역전시켜 부를 (또는 성공의 다른 징표를) 얻을 수 있다는 것이다.

성공과 행복은 단짝으로 취급되는 경우가 많다. 그래서 행복은 무한한 가능성을 열어주는 열쇠처럼 인식되곤 한다. 행복하면 새로운 친구를 만나고, 부자가 되고, 자신과 더 친밀한 관계를 맺을 수 있다는 것이다. 《고도를 기다리며 En attendant Godot》에서 블라디미르는 에스트라공에게 '사실이 아니더라도' 행복하다고 말하라고 시킨다. 에스트라공은 결국 시키는 대로 자기는 행복하다고 말하고는 이렇게 덧붙인다. "행복해졌으니까 우리 이제 뭐하지?" 베케트에게는 행복이 과연 무엇으로 이어지긴 하는 건지조차 의문이었겠지만, 긍정적 사고의 주창자들은 행복이야말로 인생의 모든 좋은 것들을 열어줄 열쇠라고 주장한다. 모든 것은 행복에서 시작된다. 20세기 초, 슈바이처는 이런 명언을 남겼다. "성공은 행복의 열쇠가 아니다. 행복이 성공의 열쇠다." 자기계발서에 자주 인용되는 문구다. 하지만 그 명제는 대중심리서나 자기계발서에만 있는 게 아니다. 많은 학자들도 행복과 심리적 안녕이 "더 높은 소득, 더 성공적 결혼 생활과 교우관계, 더 나은 건강 그리고 … 더 나은 수행능력과 연결된다고 믿는다."[12] 어떤 사람들은 이 인과관계에 반론을 제기하며 오히려 그 반대일 거라고 주장한다. 즉 배금주의가 만연한 사회에서 높은 소득이 사람을 행복하게 해주거나 의식주 걱정은 덜어준다는 의미에서 최소한 불행은 막아준다는 것이다. 그러나 긍정적 사고와 그로부터 파생된 수많은 자기계발서들은 성공은 행복에서 시작된다고 강력하게 주장한다. 그것이 자기계발의 철학적 기본전제다. 인간의 정신은 물질적 조건보다 힘이 세다. 따라서 행복은 (우리가 행복을 통제할 수 있다는 전제 하에) 우리의 생활수준뿐만 아니라 직업 유무까지 결정한다.

행복이 풍요롭고 성공적인 인생의 열쇠라는 교리에는 아무도 도전하지 않겠지만, 행복의 정의에 대해서는 다양한 해석이 존재한다. 주로 외로운 세일즈맨이나 다음달 생활비를 걱정하는 사람들을 상대했던 필과 그의 추종자들에게, 행복의 핵심은 무언가를 이룰 수 있다는 자신감의 회복이었다. 사람들이 이루려는 그 무언가는 아내가 자신을 떠나지 않게 붙잡는 것일 수도 있고, 다음 계약을 성사시키는 것일 수도 있다. 행복한 미소가 가짜여도 상관없다. 어쨌든 중요한 건 이루고자 하는 것을 이루는 거니까. 이미지가 전부인 시대에 가짜와 진짜를 구분하느라 낭비할 시간이 어디 있는가? 지글러의 충고대로, "이미지가 좋으면 성과도 좋아진다."[13]

한편, 심오한 영적 체험에 목마른 욕구불만 전업주부에게 더 친근한 영성철학자 디팩 초프라Deepak Chopra의 경우, 문제는 이미지 개선이 아니라 진정한 자아를 찾는 것이라 말한다. 초프라의 조언을 들어보자. "진정한 자아는 이미지 너머에 존재한다. 진정한 자아는 호평이든 혹평이든 남들의 평가로부터 자유로운 존재적 차원에서 찾을 수 있다."[14] 따라서 우리는 진정한 행복을 부와 명예나 좇는 맹목적이고 이기적인 가짜 행복과 구별해야 한다. 스트레스 관리의 권위자 루스 해리스Russ Harriss는 《행복의 함정The Happiness Trap, 시그마북스》에서 우리가 진정한 행복이 무엇인지 오해하고 있다고 주장한다.[15] 우리는 너무나 오랫동안 잘못된 것을 좇다가 결국 엄청난 불행을 자초했다는 것이다. 하지만 아직은 수습이 가능한 상황이라고 해리스는 독자를 안심시킨다. 자기가 제시한 '수용 전념 치료Acceptance and Commitment Therapy'라는 혁신적 요법만 따르면 행복뿐만 아니라 자신이나 타인과 화해를 이룬 마음챙김의 경지에도 도달할 수 있단다.

이것이 자기계발 장르의 주요 테마다. 자기계발서마다 이전의 책들은 행복의 진정한 의미를 왜곡했다고 주장한다. 너무 상투적이란다. 심지어 사회도 진정한 행복이 무엇인지 오해하고 있다고 말한다. 외부세계의 주어진 사회적 규범을 따라서는 진정한 행복을 찾을 수 없다는 것이다. 심리학자 니콜라 피닉스Nicola Phoenix가 《행복 탈환Reclaiming Happiness》에서 주장하듯이 우리가 그토록 갈망하는 외부적인 것들은 다 덧없을 뿐이다.[16] 이제 우리는 내면으로 시선을 돌려 고급 차나 멋진 집이 성공의 상징이라는 사회적 규범을 뛰어넘어 보다 지속가능한 형태의 행복을 찾아야 한다. 이 장르는 심지어 미국사회의 중추라고 할 수 있는 소비주의와 상업주의도 비판한다. 피닉스는 과소비에 대해 물질적 풍요가 행복을 보장하지 못한다는 사실을 증명한 것이 그나마 장점이라고 평했다.[17] 심리학자이자 마음챙김 지도자인 토마스 비엔Thomas Bien은《행복에 이르는 붓다의 길The Buddha's Way of Happiness, 붓다 테라피, 지와사랑》에서 '열려라, 행복!'이라는 한 콜라 광고 카피에 대해 "어떤 제품이 우리를 행복하게 해줄 수 있다는 생각은 분석할 가치도 없다"고 혹평했다.[18] 그런데 진정한 행복은 인간 내면에 있다고 강조하는 경향은 노먼 빈센트 필이 말하던 행복과 아주 중요한 공통점이 있다. 바로 행복은 궁극적으로 선택의 문제라는 믿음이다. 행복은 세상을 대하는 어떤 지향이며, 나의 지향인만큼 내가 바꿀 수 있다는 것이다. 칼럼니스트 베로니카 레이Veronica Ray가《행복을 선택하다Choosing Happiness》에서 내세운 논리를 살펴보자. 그는 행복이란 적의가 없는 영적 · 정신적 상태라고 정의하면서 출발한다. "행복은 모든 게 괜찮다는 내 안의 느낌이다. 공포와 혼란과 갈등의 부재다. 휴식과 만족, 환희가 존재하는 곳이다. 마음의 평화다." 그리고 이어지는 결정적 한마디. "나는 행복에 대해 우리가 배워야 할 가장 중요한 점은 행복이 선택이라는 사실이라고 믿는다. 우리는 언제든 행복해질 수 있다. 행복은 우리 한 사람 한 사람 안에 있으니까."[19]

마틴 셀리그만은 노먼 빈센트 필의 직속 후계자라 할 수 있다. 물질적 여건상 아무리 선택의 여지가 없어 보여도 행복은 (그리고 성공은) 결국 개인이 선택하는 것이라는, 필과 똑같은 개인주의적 복음을 전파하기 때문이다. 그러나 셀리그만은 필을 비롯한 그 세대의 행복학자들과 의식적으로 거리를 두려 한다. 셀리그만에게 행복은 거짓 선지자로부터 지켜야 할 성역과 다를 바 없고, 필은 그저 싸구려 행복장수에 불과한 것이다. 셀리그만은 자신만이, 그리고 자신의 방법만이 진짜라고 설파한다. 그는 틈만 나면 자신의 방법은 과학에 근거한다고 강조한다. 절박한 사람들에게 자신감을 되찾아주려고 만들어 낸 환상에 가까운 일화를 토대로 한 긍정적 사고와는 차원이 다르다는 것이다. 셀리그만의 베스트셀러 《진정한 행복Authentic Happiness, 마틴 셀리그만의 긍정심리학, 물푸레》에 나온 그의 설명을 들어보자.

> 긍정적 사고에서는 종종 낙관적 문구를 믿어질 때까지 되뇌라고 주문한다. 가령 '날마다 모든 면에서 나는 더욱 나아지고 있다' 같은 문구다. 나아지고 있다는 증거도 없고, 심지어 그 반대의 증거가 보이는데도 말이다. … 비판적 사고에 길들여진 대다수 배운 사람들은 이런 식의 고무된 찬양을 도저히 받아들일 수 없다.[20]

필이 하루하루를 견뎌 내는 외로운 세일즈맨을 위해 글을 썼다면, 셀리그만은 자신의 진짜 행복을 남들의 가짜 행복과 구별하려는 식자층을 위해 글을 썼다. 바로 이것이 행복학의 핵심적 측면이다. 즉 자기가 내세우는 행복의 버전 또는 바람직한 인생의 버전이 다른 이들의 버전보다 더 진정성이 있다는 점을 입증하려는 경향 말이다. 영문학 교수 에릭 윌슨Eric G. Wilson은 《행복에 반하여Against Happiness, 멜랑콜리 즐기기, 세종서적》에서 우리에게 행복을 강요하는 행복산업을 신랄하게 비판한다. 그의 주장에 따르면, 첨단기술은 대인관계를 망쳤고, 프로작Prozac과 팍실Paxil•은 정서 인식력을 망쳤고, 도시는 거대한 쇼핑몰로 변질되었고, 정치는 저질스러운 예능으로 전락했다. 이런 피상적 행복에 대한 집착은 무엇보다 진정성을 대하는 우리의 자세를 망가뜨렸다. 윌슨은 행복을 좇는 사람들에 대한 혐오감을 애써 숨기려 하지 않는다.

> 행복을 좇는 꿈은 결국 망상이다. 그것도 나르시시즘적 망상. 그런 꿈을 꾸는 자들은 경험을 식민화한다. 자신의 제국주의적 에고를 세상에 강요한다. 다름을 같음으로 환원시켜버린다.[21]

• 프로작은 우울증 치료제, 팍실은 불안장애 치료제.

윌슨은 그런 자들을 괴이하고 열등한 존재로, 궁극적으로는 못된 사람으로 간주한다. 윌슨이 주창하는 의미 있는 삶의 원칙을 지킬 줄 모르는 자들이기 때문이다. 윌슨은 이렇게 결론짓는다. "그게 궁극적 문제다. 행복한 부류는 결코 자신의 삶을 사는 게 아니다."[22]

윌슨은 자신이 셀리그만과 비교되는 게 달갑지 않을 것이다. 그는 명망 높은 영문학 교수로서 자신이 소장한 프루스트 문집을 꼭 언급하고, 블레이크, 디킨슨, 콜리지, 키츠 등에 대해 감상적인 (하지만 그다지 예리하진 않은) 평론을 자주 쓴다. 하지만 셀리그만도 노먼 빈센트 필이나 지그 지글러와 비교당하는 게 똑같이 기분 나쁠 것이다. 셀리그만도 명문 대학에서 존경받는 위치에 오른 사람으로서 자신이 얼마나 예술적 문학적 소양이 넘치는지 과시하고 싶어 한다. 그리고 진정한 행복은 마약과 초콜릿, 사랑 없는 섹스, 쇼핑, 자위, 텔레비전에서 찾는다고 찾아지는 게 아니라고 주장한다.[23] 물론 지그 지글러가 행복으로 가는 길이라며 마약이나 자위를 권한 적은 없다. 그러나 지글러가 출연한 유튜브 동영상을 보면 셀리그만이 왜 지글러와 엮이기 싫어하는지 이해할 만하다.

이것이 생명도덕의 시대에 우리가 행복을 이해하는 방식이 되어야 한다. 지금 개인에게 내려진 건 도덕적 명령만이 아니다. 외향적이고 주관이 뚜렷하면서 동시에 유연한 것만으로는 부족하다. 그런 특징을 자신의 인격과 결합시켜 마치 자신의 자연스럽고 조화로운 일부인 것처럼 연출해야 한다.

바로 여기에 행복하라는 명령의 역설이 존재한다. 한편에서는 우리에게 태도를 바꾸고 의지력을 키우라고 명령한다. 인생의 긍정적인 면에 집중하면 자연히 좋은 일이 생긴다고, 행복은 개인이 선택하는 것이므로 누구나 태도만 바꾸면 얻을 수 있다고 우리를 설득한다. 그러나 다른 한편에서는 우리가 행복한 척하며 스스로를 속이는 것은 불가능하다고 말한다. 행복은, 적어도 진정한 행복은 쉽게 얻을 수 없는 심오한 감정이기 때문이란다. 그러니까 진정한 행복은 아무나 성취할 수 있는 게 아니다. 인격을 통째로 바꾸고, 초콜릿과 자위를 끊고, 대신 미술관에서 더 많은 시간을 보내야 한다. 행복이 선택의 문제이긴 하지만 누구나 할 수 있는 선택은 아니라는 것이다.

나쁜 과학으로서의 행복

긍정심리학은 긍정적 사고와는 전혀 다르다고 셀리그만은 단언한다. 그는 자기가 말하는 행복의 버전이 훨씬 심오하다고 주장한다. 셀리그만에게 행복한 인생이란 미술관에서 모네의 〈연꽃〉을 감상하고, 집에서 쉴 때도 감수성 넘치는 수필을 읽고, 숲길 따라 긴 산책을 즐기며 지저귀는 새 소리를 감상하는 인생이다. 그가 말하는 행복은 지속성과 진정성 있는 형태의 행복으로서, 패스트푸드처럼 포장해서 팔 수 있는, 이미 포화 상태에 이른 행복과는 아무 공통점이 없다는 것이다. 셀리그만은 자신의 행복이 진정성 그 이상을 갖췄다고 자부한다. 과학적이기까지 하다는 것이다.

셀리그만이 긍정심리학 전파 운동을 출범시켰던 1997년, 그는 자신이 말하는 행복이 과학적으로 타당하며 학문적으로 탐구할 만한 가치가 있다고 학계를 설득해야 하는 엄청난 도전에 직면하게 되었다. 당시 그가 넘어야 했던 가장 높은 산은 긍정심리학이 규범적 통속심리학과 다르다는 점을 동료 심리학자들에게 납득시키는 것이었다. 긍정적 태도가 좋은 성과로 이어진다는 긍정심리학의 기본 전제가 통속적 느낌이 나는 건 사실이었지만, 셀리그만은 그 문제를 우회할 방법도 찾아냈다. 그는 "과학은 기술記述을 해야지 처방을 해서는 안 된다"는 전제에 동의하면서 다음과 같이 덧붙인다.

> 긍정심리학의 임무는 사람에게 낙관론자가 되라거나 영성을 키우라거나 친절해지라거나 유쾌해지라고 주문하는 게 아니라, 그런 성격에 따르는 결과를 (예를 들어 낙관론은 우울증 감소, 육체적 건강 개선, 성취도 증가로 이어지지만 약간의 현실감각 상실이 따른다는

식으로) 기술하는 것이다.[24]

이는 딸을 바른 길로 인도하려고 과잉보호하는 엄한 아버지가 내세우는 논리와 흡사하다. "아빠의 의무는 딸이 짧은 치마를 입고 힐을 신으면 안 된다고 말하는 게 아니라, 그렇게 하면 어떤 결과가 생길지 설명해주는 것이다."

바바라 에런라이크는 긍정심리학의 과학적 근거를 파헤치고 싶었다. 그래서 그 발원지를 직접 찾아가기로 하고, 펜실베이니아 대학교에 있는 셀리그만의 연구실에서 그와 만나기로 약속을 잡았다. 셀리그만은 더 급한 용무가 꽤 많았는지 에런라이크를 한참 기다리게 한 끝에 모네의 〈연꽃〉을 꼭 보여주고 싶다며 미술관으로 데리고 갔다. 미술관에 도착하자 이번에는 자신의 예전 연구주제였던 학습된 무력감에 관한 공개강연을 듣자고 제안했지만 이미 만석이라 강연장으로 들어가지 못했다.

에런라이크는 셀리그만의 저서 《진정한 행복》에 대해 몇 가지 질문을 준비해갔다("책도 그렇게 찾기 힘들더니 저자와 대화하는 것도 이렇게 힘들 줄이야!"[25]). 특히 에런라이크의 표현대로 "그의 책에서 제일 짜증나게 하는 사이비과학 같은 주장"인 행복 방정식에 대해 집중적으로 묻고 싶었다. 문제의 방정식은 'H = S + C + V'로, 영속적 행복의 수준(H)이 세 가지 변수, 즉 설정된 행복의 범위(S)와 삶의 여건(C)과 스스로 바꿀 수 있는 것(V)에 의해 어떻게 결정되는지를 보여준다. 다시 말해 누군가의 행복은 '그가 어떤 사람인지'와 '그가 처한 상황'에 의해 좌우된다는 것이다. 물론 어떤 상황은 상대적으로 더 수월하게 바꿀 수 있다. 이 방정식의 과학적 근거가 의심스러웠던 에런라이크는 셀리그만에게 물었다. "측정 단위가 뭡니까?" 셀리그만은 마지못해 설명했다. "C는 스무 가지 다른 것으로 또 분해됩니다. 종교나 결혼 같은."[26] 그 이상의 구체적이고 논리적인 설명을 끌어 내는 데 실패한 에런라이크는 셀리그만과의 만남에 대한 회상을 이렇게 마무리한다. "어쨌든 셀리그만이 방정식을 고집하고 싶었던 건 분명하다. 방정식이 과학적 느낌을 더해주니까."[27]

에런라이크와의 인터뷰에서 자기 업적의 과학적 근거를 이해시키는 데는 실패한 셀리그만이었지만, 동료 심리학자들에게 영향을 미치는 데는 대성공을 거두었다. 1990년대 후반부터 긍정심리학은 긍정적 사고의 계보에서 완전히 분리되어 심리학의 한 독자적 분야로 자리 잡았다. 외부로부터 꾸준히 연구자금도 지원받고, 대학 교과과정에도 도입되고, 심지어 〈행복학회지〉라는 독자적 연구성과 발표 기반도 갖추게 되었다.

행복학이라는 새로운 연구분야에 가장 큰 관심을 보인 학문 중 하나는 다름 아닌 경영학이다. 이는 그리 놀라운 일이 아니다. 경영학은 오래전부터 과학과 복잡한 관계를 맺어왔고, 이념을 학술연구로 재포장하는 오랜 전통을 자랑한다. 경영대학원이 설계한 긍정심리학 이론은 숱한 비판을 받아왔다. 기본 전제 자체가 부실하다는 비판을 넘어, 착취와 위계 구조를 공익으로 포장하는 자본주의의 진화를 예고한다는 비판도 있다.

지난 세기의 시작과 함께 태동한 경영대학원들의 지상과제는 경영자를 사회의 안녕에 꼭 필요한 좋은 사람으로 포장함으로써 존재의 정당성을 확보하는 것이었다. 과학적 관리법의 창안자 프레드릭 테일러Fredrick Winslow Taylor는 업무 효율성을 높일 새로운 방법을 고안해낸 선구적 인물로 기억되곤 한다. 그는 효율성 향상 방법을 찾기 위해 제철소 노동자의 작업을 관찰하며 스톱워치를 이용해 (통계학과 학부생조차 부끄러워할) 대략적인 추정을 내놓았다. 그 추정을 토대로 테일러가 내린 결론은, 더 긴밀한 통제를 가하면 작업 속도와 효율성을 높일 수 있다는 것이다. 나아가 제철소는 경영학의 '과학적' 원리를 이해할 정도의 교육을 받은 경영자의 투입이 절실하다는 제언도 잊지 않았다. 테일러의 표현을 그대로 옮기겠다. "무쇠를 다루는 일은 굉장히 복잡한 과학이기 때문에 제철소 작업에 최적화된 사람은 그 과학적 원리를 이해하는 것이 불가능하다."[28] 이 새로운 경영방식에 (기껏해야 스톱워치를 구입하고 노동자를 더 철저히 통제하는 것에 불과했지만) '과학'이라는 꼬리표를 달아줌으로써, 테일러는 경영자의 역할에 정당성을 부여했다. 이는 경영자 내지 관리자의 우월한 지위를 정당화하는 방법이 되었고, 관리자는 육체노동을 하는 사람과는 확실히 다른 차원의 존재가 되었다. 경영컨설턴트인 매튜 스튜어트Matthew Stewart는 테일러의 업적을 이렇게 정리한다. "형이상학적 관점에서 보자면, 테일러는 일종의 '이원론자'라고 할 수 있다. 그는 머리 쓰는 사람과 근육 쓰는 사람이 따로 있고 둘이 합쳐지는 경우는 극히 드물다고 믿었다."[29]

그러나 테일러의 과학적 경영법은 곧 정당성 논란에 휩싸이게 되었다. 필요 이상으로 혹독하고 비인간적이라는 인상을 주었기 때문이다. 이는 산업심리학자 엘튼 메이오Elton Mayo와 인간관계 운동이 부상하는 계기가 되었다. 1930년대에 일어난 인간관계 운동의 전제는 인간은 강철로 만든 기계가 아닌 감정이 있는 존재라는 믿음이었다. 이 운동 논리에 따르면, 좋은 경영자는 사람들의 감정을 활용하여 보다 효율적인 근무환경을 설계하는 능력을 발휘함으로써 나쁜 경영자와 구별된다. 직원을 인정해주면 몇 배의 보상이 돌아온다는 게 메이오 학파의 새로운 경영학적 제언이었다. 메이오는 노동자로부터 최대한의 에너지를 뽑아내는 게 목표라는 점에서는 테일러와 같았다. 그러나 메이오는 그 목표를 달성할 수 있는 더 기발한 방법이 있다고 믿었다. 그리하여 탄생한 것이 인간의 얼굴을 한 새로운 착취의 시대였다.

메이오의 전성기 이래로, 경영학계는 행복한 노동자가 더 생산적이라는 전제를 바꾼 적이 없다. 행복이 생산성으로 이어진다는 (그 반대가 아니라) 전제는 경영학에서 말하는 행복학의 핵심이다. 예를 들어 행복학 권위자 숀 아처Shawn Achor는 《행복의 특권The Happiness Advantage, 청림출판》에서 "행복해지길 기다리는 것은 우리 뇌의 성공 잠재력을 제한하는 반면, 긍정적 뇌를 기르는 것은 우리에게 더 큰 동기를 부여해주고, 효율성, 회복력, 창의력, 생산성 등을 향상시켜줌으로써 더 큰 성과로 이어진다"고 말한다.[30] 그리고는 전형적인 설명 하나를 덧붙인다. "이는 수천 건의 과학적 연구를 통해 입증되었다."[31]

경영학자 제럴드 레드퍼드Gerald Ledford가 〈조직행동저널〉에 실린 논문을 통해 주장한 내용에 따르면, 행복한 노동자가 생산적 노동자라는 명제는 경영학 이념에 이미 깊이 뿌리내렸다.[32] 이 명제는 "노사갈등의 정당한 사유를 은폐하고, 사기 저하의 원인으로 경제보다는 사회적 요인을 지나치게 강조하고, 사용자가 노동자를 조종하도록 부추기는 효과를 낳는다."[33] 다시 말해 경영학계의 행복 연구는 최종 책임을 개인에게 넘기려는 이데올로기를 재포장한 것이다.

행복학의 이념적 성격에 대해서는 차차 다시 논하기로 하고, 우선 행복학의 가장 두드러진 한계를 지적해보겠다. 바로 '자기 보고'라는 한계다. 행복 관련 실험에 응하는 사람들은 자신의 상태에 대해 얼마든지 허위로 보고할 수 있다는 뜻인데, 이는 생각보다 더 심각한 문제를 일으킬 가능성이 있다. 잘 알려진 한 인생만족도 조사에서, 연구진은 설문에 대한 응답이 지극히 사소한 상황 변화에도 달라질 수 있음을 증명했다.[34] 피실험자는 설문에 응하기에 앞서 다른 방으로 가서 서류를 복사해오라는 부탁을 받았다. 피실험자의 반은 복사기 주변에 연구진이 미리 심어 놓은 10센트 동전을 주웠다. 그리고 설문을 진행한 결과, 우연히(?) 동전을 주웠던 응답자가 나머지 반에 비해 인생만족도가 훨씬 더 높은 것으로 나타났다.

뿐만 아니라 자기 보고는 근본적으로 존재론적 질문을 야기한다. 예컨대 사람이 통장 조회하듯 자기 기분이나 감정을 들여다보는 것이 과연 가능하냐는 것이다. 정신분석학에서 인간이 자신과 투명한 관계를 맺지 못한다는 사실은 기본상식이다. 무의식은 우리 인생에 예고 없이 개입한다. 프로이트의 가장 위대한 발견은 우리가 우리 마음을 통제하지 못한다는 사실이다. "에고는 불안하다. 자기 집, 즉 마음 안에서 자기 힘의 한계에 부딪히기 때문이다." 1917년 프로이트의 말이다.[35] 다시 말해 인간에게는 완벽한 자기 조절 능력이 없다.

행복의 문제로 들어가면 상황은 더 복잡해진다. 철학자 조르조 아감벤Giorgio Agamben은 "행복한 사람은 자신이 행복한지 알 수 없다"고 지적한다. 왜냐하면 "행복이란 주제subject는 주체subject가 아니므로 의식이라는 형태를 갖출 수 없기 때문이다."[36] 행복은 정체를 파악하기 어렵고 깨지기 쉬우며 붙잡을 수 없는 것이다. 행복은 늘 도망 다닌다. 평범한 순간에 홀연히 나타나 우리를 놀라게 하기도 하고, 당연히 나타날 거라고 기대하는 순간에 자취를 감춰버린다. 파스칼 브뤼크네르가 말하듯, "그 누구도 자신이 진정으로 행복하다고 확신할 수 없으며, 행복하냐고 질문하는 것 자체가 이미 답을 오염시키는 행위다."[37]

그러나 이러한 통찰에도 정치인들은 굴하지 않고 끈질기게 행복하냐고 질문한다. 자신에게뿐만 아니라 유권자에게도 묻는다. 자신의 질문 때문에 답이 오염되는 건 별개의 문제라고 생각한다. 앞으로 살펴보겠지만, 그들의 관심사는 행복에 대해 실제로 해답을 찾는 것보다 행복이라는 용어를 이용해 특정 형태의 정치를 정당화하는 것이다.

긍정심리학자와 총리가 만났을 때 우리에게 벌어지는 일들

마틴 셀리그만과 바버라 에런라이크의 만남은 적어도 에런라이크의 판단으로는 절망적이었다. 서로가 맘에 들지 않았을 테고, 당연히 그 후로 연락을 주고받았을 리가 만무하다. 그런데 그 만남이 있고 나서 얼마 후, 셀리그만은 훨씬 더 지체 높은 분으로부터 연락을 받았다. 영국 총리 데이비드 캐머런이었다. 성가시게 굴던 에런라이크와 달리, 캐머런은 호의로 충만했다. 행복 방정식에 대해 얄미운 지적도 당연히 하지 않았다. 캐머런은 셀리그만에게 명망 높은 교수이자 해당 분야의 개척자로서 마땅한 대우를 해주었다. 게다가 셀리그만의 마음에 드는 질문만 골라 했다. 캐머런은 긍정심리학에 대한 셀리그만의 비전이 국가 전체에 적용 가능한지, 그래서 공공서비스에 쓸데없는 투자를 하지 않고도 국가 발전을 도모할 수 있는지를 알고 싶어 했다.

오래전부터 행복의 개념에 매료되었던 캐머런은 영국 보수당 대표로 취임한 직후인 2005년에 처음으로 행복지수를 만들자는 제안을 했다. 하지만 영국 국민의 웰빙을 측정하겠다는 계획을 발표한 것은 2010년이었다. 그해 11월에 했던 연설에서 캐머런은 다음과 같이 설명했다.

> 제가 정치를 하는 목적은 국민들이 더 나은 삶을 살도록 돕는 것입니다. 여러분도 저와 목적이 같다면 그리고 저처럼 번영만으로는 더 나은 삶을 보장할 수 없다는 사실을 직감적으로나 무수한 증거를 통해 알고 계신다면, 당연히 실질적 조치를 취해 우리 정부가 경제성장과 더불어 삶의 질 향상에도 주력하도

록 요구해야 합니다. 우린 바로 그것을 하려는 겁니다.[38]

캐머런은 위 연설에서 긍정심리학자다운 기백으로 직감과 무수한 증거를 내세우면서 그 둘이 어떻게 서로 연관되는지는 일부러 언급하지 않는다. 그런데 여기서 더 흥미로운 점은 그가 또 하나의 논리적 층위를 만들어냈다는 것이다. "사람들은 우리가 웰빙에 대해 이야기하면 마치 정부가 경제성장을 최우선으로 보지 않는 것 아니냐고 걱정합니다." 하지만 캐머런은 바로 청중을 안심시킨다. "저는 결단코 경제활성화가 우리의 가장 시급한 과제라고 확신합니다. … 정부는 현재 자영업자의 원활한 창업을 돕고, 법인세율을 낮추고, 사업가를 지원하고 있습니다."

캐머런은 웰빙과 사업가정신이 상호배타적인 개념이 아니라고 강변한다. 아마 긍정심리학의 영향인 듯하다. 웰빙은 무념무상의 히피족이 숲으로 이주하여 환각성 버섯이 뿜는 안개 속으로 사라지는 것을 뜻하지 않는다. 오히려 그 반대로 웰빙은 더 책임감 강하고 부지런한 인재, 엔진으로 치면 4기통이 다 가동되고, 의료처치를 요하는 질병은 아주 가끔씩만 걸리는 인재를 길러 낸다는 것이다. 왜냐하면 긍정적 태도가 강력한 힐링 효과를 발휘하기 때문이란다. 이 믿음에 대해서는 잠시 후에 분석하겠다.

캐머런의 구상은 타이밍이 절묘했다. 대학생들이 등록금

관련 정책에 반대하며 가두시위를 막 시작했을 때였다. 노동조합도 정부지출 삭감계획에 반대하는 행동을 조직하고 있었다. 그리고 세계금융위기가 터지고 난 얼마 후였던 터라 경제 전망도 어두웠다. 서민들이 제일 큰 타격을 받을 게 뻔한 경기침체가 한창인 와중에 국가행복지수 조사에 착수하는 것은 아무리 좋게 봐도 좀 의아한 구상이었다.

그러나 캐머런의 생각은 달랐다. 그는 웰빙이 복지국가에서 비롯되는 게 아니라고 보았다. 복지는 사람을 게으르게 만들고 발전할 동기를 없애기 때문에 오히려 행복의 발목을 잡는다고 생각했다. 어쨌든 복지는 행복과 무관한 것으로 간주된다. 긍정적 사고의 복음주의적 메시지에 따르면, 경기침체나 재정긴축은 물론 거의 모든 외부적 조건은 사람들이 자각하는 행복에 아주 미미한 영향을 끼칠 뿐이다. 이는 행복학에서도 1970년대 초반 이래 계속 되풀이되어 온 주장이다.

1978년에 실시된 한 연구조사에서, 심리학자로 구성된 연구진은 행복의 상대성을 이해하고자 연구를 진행했다.[39] 이들은 피실험자를 두 집단으로 나눴다. 한 집단은 5만 달러에서 100만 달러까지의 복권에 당첨된 사람들이었다. 다른 집단은 심각한 사고로 신체가 (일부는 하반신, 일부는 전신이) 마비된 사람들이었다. 그리고 복권도 당첨되지 않았고 마비도 되지 않은 평범한(?) 사람들로 통제집단도 구성했다. 조사를 취합한 결과, 복권당첨 집단이 통제집단보다 더 행복하지는 않은 것으로 나타났다. 오히려 복권당첨 후로는 일상에서 느끼는 즐거움이 줄었다고 했다. 사고로 최근에 마비환자가 된 집단과 비교했을 때도 복권당첨 집단이 미래에 대해 더 비관적이었다. 연구진은 다음과 같은 결론을 내렸다. "시각장애인, 정신지체장애인, 기형성장애인은 다른 사람에 비해 덜 행복한 게 아니다."[40]

캐머런의 입장에서 자기보고의 과학적 타당성은 자신이 신경 쓸 문제가 아니었다. 그는 2011년에 드디어 행복조사를 실시했고, 조사에 사용된 표준 설문지는 기존 행복 연구에 사용되던 설문지를 약간 단순화한 버전이었다. 캐머런의 행복조사 설문지는 다음 네 가지 질문으로 구성되었다. "첫째, 전반적으로 볼 때, 현재 자신의 인생에 얼마나 만족하십니까? 둘째, 전반적으로 볼 때, 인생을 살면서 자신이 하는 일에 얼마나 보람을 느끼십니까? 셋째, 전반적으로 볼 때, 어제 얼마나 행복하셨습니까? 넷째, 전반적으로 볼 때, 어제 얼마나 불안하셨습니까?"[41]

여기서 전날의 기분을 묻는 마지막 두 질문은 혹시 또 어떤 냉소적 연구자가 현장에 미리 동전을 놓아두어 행복 실험의 과도한 맥락감수성을 다시금 증명하는 사태를 미연에 방지하기 위한 것일지도 모르겠다. 아무튼 그런 철저함에도 불구하고, 행복조사의 결과는 그다지 새로울 게 없었다. 응답자의 60에서 80퍼센트가 현재 처지에 비교적 만족한다고 응답했고, 인생만족도 평균 점수는 7.4로 나왔다. 반대자들은 기회를 놓치지 않고 수차례 냉소 섞인 발언을 했다. "뻔한 사실을 재확인"하려고 시간 낭비, 돈 낭비를 했다는 것이다.[42]

여기서 행복조사가 과연 영국사회의 행복도를 정확히 진단했는지, 아니면 아무 성과도 없었는지를 묻기보다는, 대체 왜 캐머런이 애초에 행복조사에 그렇게 관심이 많았는지를 묻는 게 더 유효한 질문일 것이다. 구체적으로는 대체 왜 새로운 재정긴축 조치를 시행하려는 시기에 행복조사를 병행했냐고 물어야 한다. 더 구체적으로는 왜 하필 행복을 좌우하는 건 개인의 '처지'가 아니라 그 처지를 바꾸려는 개인의 '행동'이라고 설파하는 마틴 셀리그만을 고문으로 섭외했냐고 물어야 한다.

캐머런이 자신의 행복 구상을 실행에 옮긴 건 사회정치적 논쟁으로부터 대중의 시선을 돌리려는 의도 때문이라는 해석도 가능하다. 가령 국가의 공공서비스 지원 및 제공 여부를 묻는 시급한 정치적 논쟁에 관한 물타기로 행복조사를 이용했다는 것이다. 그런데 이 해석도 문제의 핵심을 비껴간다. 핵심은 행복조사가 거버넌스를 바라보는 프레임을 완전히 바꿔버릴 수 있다는 것이다. 행복은 복지국가의 약화를 큰돈 안 들이고 만회할 정부의 얄팍한 수가 아니다. 오히려 사람들이 자신의 처지를 스스로 바꿀 수 있게 해주는 강력한 태도로 간주된다. 이 논리에 따르면, 복지예산 삭감은 가혹한

처사가 아니라 국민이 활력을 되찾는 데 반드시 필요한 조치다. 한낮에도 소파에 누워 재방송이나 돌려보는 소심하고 뚱뚱한 찌질이를 사업가정신 투철하고 4기통 모두 가동시켜 지칠 줄 모르고 달리는 개량된 인간으로 탈바꿈시키려면 복지예산을 삭감해야 한다는 것이다.

그런 의미에서 영국의 신자유주의 정권의 진정한 파트너는 미국의 마틴 셀리그만보다는 호주의 자기계발 아이콘 론다 번Rhonda Byrne일지 모른다. 행복조사가 실시된 이후, 영국 언론은 캐머런의 행복지수가 측정 대상을 잘못 설정한 게 아니냐는 논평을 내보내기 시작했다. 알고 보니 캐머런의 비판자는 야당이 아니었던 모양이다. 적은 내부에 있었다. 《가디언》 기사를 인용하자면, "미국 낙관론 전문가, 총리 고문에서 비판자로" 돌아선 것이다.[43] 이제는 마틴 셀리그만이 캐머런의 행복지수와 애써 거리를 두기 시작했다. 셀리그만의 관심이 다른 데로 옮겨간 모양이다. 행복이라는 단어가 과연 공론의 주제가 될 수 있는지 회의가 들기 시작한 것이다. 《가디언》에 실린 그의 해명을 들어보자. "저는 '행복'이라는 단어가 항상 껄끄러웠습니다. 과학적으로 다루기 거북하고 사람마다 각기 다른 의미를 부여하는 데다 주관적 개념이라는 생각이 들었기 때문입니다."[44]

한편 론다 번은 행복에 대한 자신의 입장을 굽힐 생각이 전혀 없어 보였다. 그는 (DVD로 먼저 출시되었던) 자신의 베스트셀러에서 신자유주의를 완벽하게 보완해줄 이데올로기를 제시한다. 이름하여 《시크릿 The Secret, 살림비즈》이다. 긍정심리학과 마찬가지로 번이 말하는 '시크릿'은 과학에 기반을 두고 있다. 바로 '끌어당김의 법칙 law of attraction'이란다(이 법칙의 과학적 근거가 의심스럽다면 저자가 무려 양자물리학을 언급한다는 사실을 잊지 마시길). 론다 번 역시 자기계발서 저자다운 자만심의 소유자다. 그는 자신보다 앞서 '시크릿'을 발견한 위대한 선조들이 있다고 주장한다. 그런 선각자들로 플라톤, 셰익스피어, 뉴턴, 위고, 베토벤, 링컨, 에머슨, 에디슨, 아인슈타인을 꼽는다.[45] 그러니까 그 계보를 이어온 자신도 믿을 만한 사람이라는 얘기다. 그리고 독자도 '시크릿'을 알아내서 성공할 수 있다고 주장한다. 번의 말대로, "시크릿은 당신이 무엇을 원하든 갖게 해줄 것이다."[46]

시크릿은 행복이든 건강이든 부귀영화든 우리가 원하는 것은 무엇이든 불러온다고 한다. 그렇다면 그 비밀은 무엇일까? 생각은 그 힘이 아주 세기 때문에 그 생각을 활용하면 소망하는 모든 것을 실제로 존재하게 만들 수 있다는 것이다. 비유적으로 설명하자면 독자는 자신을 자석이라고 상상하면 된다. "당신은 우주에서 가장 강력한 자석입니다! 당신 안의 자석의 힘은 세상 그 무엇보다도 강하며, 그 어마어마한 힘은 당신의 생각을 통해 발산됩니다."[47] 사람은 자석처럼 자기가 원하는 것을 자기에게 끌어당기고 그 정신력만으로도 성공을 만들어 낸다는 것이다.

도무지 진지하게 받아들이기 힘든 논리다. 저널리스트 캐서린 베넷Catherine Bennett이 《가디언》에 실었던 평대로, "백치가 아니고서야 《시크릿》을 제정신으로 따를 사람은 없다."[48] 그런데 정말로 시크릿을 따르는 사람들이 있다. 그리고 그중 한 명이 다름 아닌 데이비드 캐머런이라고 베넷은 지적한다. 캐머런은 긍정적 결과와 꿈에만 집중하고 우울한 현실은 외면하기 때문이다. "시크릿 실천가 캐머런을 보시라. 자신의 희망사항만 강조한다. 가령 행복 같은."

불평등의 합리화, 바로 이것이 《시크릿》이 이룬 가장 큰 업적이다. '99퍼센트'라는 표현이 부의 집중을 반대하는 지구적 운동을 상징하는 구호가 된 마당에, 《시크릿》은 빈부격차를 바라보는 또 다른 시각을 제시한다. "왜 전 세계 인구의 1퍼센트가 세계 총소득의 96퍼센트를 벌고 있다고 생각하십니까?" 《시크릿》이 던진 수사적 질문이다. 책은 물론 답도 제시한다. "자기 인생으로 부를 끌어당기는 사람들은 의식적으로든 무의식적으로든 시크릿을 실천하는 사람들입니다. 그들은 부와 풍요에 생각을 집중시키고, 그와 반대되는 생각이 마음속에 뿌리내리지 못하게 막습니다."[49]

위의 관점은 망상적일 뿐만 아니라 잔인하기까지 하다. 사람은 자기 운명을 자초한다는 말이기 때문이다. 에런라이크의 표현대로, "긍정론의 이면에는 개인의 책임만 강조하는 매정한 태도가 숨어 있다."[50] 개인이 겪는 모든 역경은 여러 상황이 복잡하게 얽히면서 발생한 결과가 아니라, 궁극적으로 자기가 자초한 일이라는 것이다. 실직은 경기침체의 여파가 아니라 실직자의 태도가 초래한 결과다. 유방암 환자의 생존율을 높이는 것은 전문적 치료가 아니라 낫고자 하는 환자의 생각과 의지다. 번의 주장대로, "조화로운 생각을 지닌 몸에는 질병이 발을 붙일 수 없습니다." 그렇다면 자연재해는? 2004년 쓰나미 이후 그런 질문을 받자, 번은 이렇게 답했다. "끌어당김의 법칙으로 보면 자연과 재해의 주파수가 일치했나 봅니다."[51]

우리가 생명도덕 분석에서 번의 주장을 주시하는 이유는 그가 뉴에이지 커뮤니티를 넘어 정계까지 전염시킨 어떤 정서를 극단적으로 표현하고 있기 때문이다. 번이 강변하는 개인책임론은 불의와 빈곤, 계급분화를 정당화하려는 정치의 필연적 귀결인 것이다. 가난한 사람은 구조화된 차별의 희생자가 아니라 단지 정신력이 부족한 자다.

이 논리는 빈부격차가 심화되는 사회적 현상을 나쁘게만 볼 필요가 없다며 우리를 위로하기도 한다. 가난한 사람도 형편이 나은 사람만큼 행복해질 수 있다는 연구 결과가 있으니까. 여기서 행복이 정확히 무엇인지는 여전히 모호하다. 그러나 지금부터 살펴보겠지만, 행복은 쉽게 손에 넣을 수 있는 안정적 형태의 무언가가 아니다.

'좋은 인생'이라는 환상

우리는 어떻게 우리가 행복하다는 것을 알 수 있을까? 과연 언젠간 알 수 있는 걸까? 학술연구로는 불가능하다는 답이 나왔다. 우리가 처한 상황이 행복에 영향을 미치지 않는다면, 가령 백만 불짜리 복권당첨자가 사지가 마비된 교통사고 피해자보다 더 행복하다는 보장이 없다면, 우리는 행복을 우리가 가질 수 있는 무언가라고 생각할 수 있는 걸까? 행복에 척도를 적용할 수 있을까?

정치가나 연구가들은 (성 어거스틴이 기원후 400년 즈음 행복에 관한 각기 다른 학설이 289가지나 된다고 기록했던 사실은 속 편하게 망각한 채) 지치지도 않고 행복에 관한 새로운 개념과 측정법을 고안하려고 애를 쓴다.[52] 그런데 대부분 사람들은 일상적으로 이 문제를 회피하며 살아간다. "오늘 얼마나 행복합니까?"라는 질문을 일상생활에서 주고받는 사람은 별로 없을 것이다.

위의 질문 대신 사람들이 으레 주고받는 질문은 "요즘 어때?" 정도다. 그런데 아무 저의가 없어 보이는 이 질문도 마땅히 의심해볼 필요가 있다. 이 질문을 철학적으로 분석한 파스칼 브뤼크네르에 따르면, "요즘 어떠냐고 묻는 것만큼 헛되고도 심오한 질문이 없다."[53] 이 질문은 한편으로는 아무것도 묻지 않는다. 짜증나도록 광범위하고 놀랍도록 부정확한 질문이다. 질문받은 사람은 자신의 근황 전반에 대해, 예컨대 날씨는 어떤지부터 시작해서 최근 이력서를 넣었던 회사에 취직했는지까지 다 얘기해야 할 것 같은 기분이 든다. 자신에 대한 객관적 사실을 열거하면서 그런 사실들이 마치 자신의 안녕을 말해준다고 생각한다. 그러나 요즘 어떠냐는 질문은 다른 한편으로는 질문 받은 사람을 궁지에 몰아넣는다. 질문받은 사람은 마치 자신에 대해 철저한 도덕적 평가를 해야만 할 것 같다. 브뤼크네르는 이 질문이 일종의 은근한 추궁이 되기도 한다고 지적한다. "상대방에게 상황 파악을 강제하여 공포감을 일으키고 철저한 자기성찰까지 촉구한다."[54] 이 질문이 불순하다고 말하는 것은 질문받은 사람으로 하여금 자신의 신변과 처지에 관한 정보를 다 끌어모아 질문자를 만족시킬 그럴듯한 그림으로 재빨리 조합해 보여주도록 강제하기 때문이다. 그렇게 날조된 답은 당연히 응답자에 대해 말해주는 게 별로 없다. 그리고 그 답에 질문자가 흡족해할 수도 있겠지만, 질문자의 평가와 상관없이 응답자는 답을 하느라 쏟아 낸 말의 무게에 짓눌려버린다.

그런데 위의 탁월한 분석에서 브뤼크네르가 한 가지 놓친 점이 있다. 요즘 어떠냐는 질문에 내포된 두 주어 사이의 해소되지 않는 긴장을 간과한 것이다. 알렌카 주판치치는 바로 이 긴장관계를 조명한 매우 흥미로운 분석을 내놓았다. 요즘 어떠냐는 질문에 대한 그의 분석을 살펴보자.

이 공식의 대단함은 (좋아요, 고마워요 같은) 통상적 대답이 질문의 모호함, 즉 질문에 내포된 듯한 두 가지 주어의 모호함을 기가 막히게 살려둔다는 데 있다. 이를 더 확실히 드러내기 위해 질문 "어떻게 지내? How's it going?"에서 강세를 살짝 옮겨 'it'에 더 힘을 주기만 하면 된다. 그렇게 질문하면 질문의 취지에 충실한 답은 이렇게 시작되지 싶다. "좋아요. 근데 it 말고 내가 어떠냐고 묻는다면 글쎄요··· 그건 별개의 문제죠. 나는 피곤하고, 우울하고, 허리도 쑤시고···.[55]

첫 번째 주어인 잇(it)이라도 제대로 건사해서 "좋아요"라는 답이 거짓말이 안 되게 하는 것만으로도 힘에 부치는 세상이다. 이는 부르디외의 가장 흥미로운 저서 중 하나의 주제이기도 하다. 부르디외는 이 저서를 통해 중산층 부부 몇 쌍이 인생 과업을 수행하는 과정을 따라간다. 여기서는 그 과업을 '프로젝트 잇(it)'이라고 해두자. 이 프로젝트는 말하자면 완벽한 집을 장만하는 것이다. 교외의 좋은 동네에 위치하고, 아이들이 뛰놀 정원이 있고, 세차가 가능한 전용 주차 공간도 있는 집이어야 한다. 하지만 부르디외가 지적하듯, 이런 프로젝트는 대부분 사람들에게 큰 부담이 된다. 결국 사람들은 "말도 안 되는 제약에 스스로를 가둬놓고는 자기결정에 따른 결과를 어떻게든 감당하는 것 말고는 아무것도 못한다."[56] 그래서 도심에서 한참 떨어진 집에 고립된 채 살아간다. 매일같이 교통지옥을 뚫고 출퇴근하느라 시간을 허비한다. 학교와 학원 사이를 오가며 내 아이, 남의 집 아이 태워다주고 데려오다가 하루가 다 간다. 그렇게 하루 일과를 마치고 차를 차고에 들여놓으면서, 그들은 간절히 소망한다. 드디어 아이들을 재운 후 텔레비전 앞에서 시체놀이 할 순간을. 이것이 부르디외가 말하는 '소시민적 고통의 기반'이다.

위 상황은 행복할 의무의 한 단면이다. 우리는 행복한 삶을 살고 있다는 인상을 주기 위해 노력해야 한다. 집 장만이든 결혼이든 뭔가 중대한 인생 프로젝트에 매진하면서 말이다. 로런 벌랜트는 이런 프로젝트를 '굿 라이프 판타지'라고 부른다.[57] 이 판타지는 전통적 중산층의 꿈을 기반으로 생긴다. 그런데 오늘날 부르주아에게 그 꿈은 점점 지킬 수 없거나 이룰 수 없는 꿈이 되어가고 있다. 그들은 여전히 미래를 낙관하지만, 그런 인지적 입장을 지탱해주는 것은 사실 능력주의와 신분상승에 대한 그들의 환상뿐이다.

'프로젝트 잇'의 실패는 뼈아픈 경험이 되기도 한다. 프로젝트를 추진하다가 빚더미에 올라앉거나 정리해고를 당하거나 주택담보 대출금이 연체되는 지경에 이를 수 있다. 그렇게 '프로젝트 잇'이 망하면 다른 프로젝트를 찾아야 한다. 여기서는 그 다른 프로젝트를 '프로젝트 아이(I)'라고 해두자. 굿 라이프 판타지의 장례를 치르고 나면 이제 외부 세계를 차단해버리고 더욱 자아에 몰입하는 것밖에 남지 않는다. 물론 자기 내면 들여다보기는 '프로젝트 잇'을 어느 정도 성공시킨 사람도 하는 일이다. 인생의 공포를 잠시나마 내려놓고 자신에게 집중하는 것은 즐거운 경험이 되기도 한다. 문제는 우리가 자아와 몸에 귀를 기울이는 동안 맥동하는 몸의 속삭임이 인생의 진리이자 목적으로 격상할 수 있다는 것이다.

자기 이미지와 당대의 규범 및 가치 사이의 긴장관계는 인류와 역사를 같이 해왔다. 고대 그리스를 예로 들어보자. 더 정확하게는 아리스토텔레스가 말하던 행복, 또는 그의 동시대인들이 '에우다이모니아eudaimonia'라고 불렀던 개념을 살펴보자. 에우다이모니아는 행복에 대응하는 그리스어다. 그런데 이 에우다이모니아는 디팩 초프라가 말하는 행복과 전혀 다르다. 아리스토텔레스에게 에우다이모니아는 우연히 발견할 수 있는 것, 또는 해변에 누워 분위기 있는 음악을 들으면 생성되는 것이 아니다. 에우다이모니아는 바람직한 인생을 뜻하며, 정치적 의미가 짙게 배인 행복의 버전이다. 고대 그리스인에게 바람직한 인생이란 단독으로 취급할 수 있는 사안이 아니었다. 다시 말해 바람직한 인생은 자기 자아를 타인으로부터 분리시켜 살아지는 것이 아니었다. 오감으로 느끼는 쾌락이나 몸의 속삭임은 더더욱 아니었다. 바람직한 인생이란 선행을 통해 만들어가는 것이었다.

그러나 이는 결코 쉬운 일이 아니었다. 아리스토텔레스는 인간의 가장 고귀한 능력에만 기대어 정성을 다해 선행을 베

푸는 데 자기 인생을 바치는 사람이 행복한 사람이라고 말했다. 또한 그런 인생은 균형을 유지해야 한다고 강조했는데, 예를 들어 욕망도 잘 조절된 적정 수준이 아닌 이상 표출하면 안 되었다. 또 용감함과 담대함은 필수 덕목이지만, 상대방이 자랑이나 자만으로 느낄 만큼 그 덕목을 드러내는 것도 금물이었다.

아리스토텔레스의 주장에는 금욕주의와 귀족주의가 엿보인다. 당장의 욕구도 부인하고 욕망도 억제하라는 주문이기 때문이다. 그리고 유혹을 물리치지 못하고 말초적 쾌락에 빠져 있는 인간은 아리스토텔레스가 경멸해 마지않던 '방목 가축'의 수준에서 벗어나지 못한다. 게다가 훌륭한 덕목을 갖춘 인간으로 자신을 발전시키기 위해서는 그만큼 시간과 노력을 들여야 한다. 변칙도 왕도도 없다. 그러니까 《지금 행복하라Happiness Now, 랜덤하우스코리아》 같은 책에 넘어가면 안 된다.

아리스토텔레스가 정의한 행복은 개인의 선행과 신들이 인간사회에 내려준 가치 사이의 조화다. 신들의 삶이야말로 바람직한 삶이다. 그러니 신들을 따르라고 아리스토텔레스는 충고한다. 신들을 보고 배우라는 것이다. 하지만 인간은 단 한순간도 자신을 신들과 동일시해서는 안 된다. 위계질서가 확실한 집단처럼 하극상은 꿈도 꾸지 말아야 하며, 경거망동도 금물이다. 교만함도 피해야 한다. 명을 재촉하지 않으려면.

'프로젝트 잇'이 연상시키는 철학자가 아리스토텔레스라면, '프로젝트 아이'와 연관된 인물은 루소일 것이다. 물론 이러한 연관성은 왠지 슬프게 느껴진다. 루소도 본인의 사상이 사후에 어떻게 이용될지 예측하지는 못했을 것이다. 그리고 자신의 철학적 주장의 상당수가 소위 자기계발 대가들한테 도용당할 줄 알았다면 그다지 기뻐하진 않았으리라. 문학비평가 테리 이글턴Terry Eagleton이 최근 한 에세이에서 언급했듯이, 루소는 마르크시즘의 전조로 평가되는 사상가로서, 오늘날의 '공론장의 급격한 잠식'에 경악했을 것이다.[58] 나르시시스트적 개인주의에 대해서는 말할 것도 없다.

그 점은 논외로 하고, 루소와 아리스토텔레스의 행복관이 어떻게 다른지를 살펴보자. 루소는 《고독한 산책자의 몽상Les Reveries du Promeneur Solitaire》에서 행복을 평화로운 안식처로 묘사한다.

과거를 돌아보거나 미래를 내다볼 필요가 없는 곳, 시간이 아무 의미가 없는 곳, 현재가 무한정 이어지지만 그 이어짐의 길이도 의식되지 않는 곳, 시간의 흐름을 알리는 신호가 없는 곳에서 박탈감이나 즐거움, 쾌락이나 고통, 욕망이나 공포 따위의 감정들은 없고 오로지 존재감만 느껴지며 그 느낌이 우리의 영혼을 온전히 채우는 상태, 그 상태가 지속되는 한 우리는 스스로를 행복하다 말할 수 있다.[59]

아리스토텔레스와 달리, 루소는 행복을 논하면서 덕이나 선행에 관심을 두지 않는다. 오히려 행동을 완전히 배제한 채 행복에 대해 기술한다. 루소가 말하는 행복은 존재의 한 상태, 자아의 존재가 현재에만 몰입한 상태를 의미한다. 루소는 이 상태를 호수를 정처 없이 떠다니는 배 안에 누워 있는 것에 비유한다.

아무리 기분 좋은 이미지라 해도, 위의 이미지는 철학자 로버트 노직Robert Nozick이 지적하는 행복에 관한 고전적이고 철학적인 문제를 낳는다.[60] 영화 〈매트릭스〉를 본 사람은 기억할 것이다. 문제는 이렇다. 당신이 가장 갈망하는 경험을 만들어 내는 기계가 있다고 가정해보라. 그리고 당신이 신경심리학적 실험에 참가하여 수술에 동의했다고 상상해보라. 이 수술을 받으면 당신은 뇌가 자극되어 (친구를 만나고, 사랑에 빠지고, 독서를 즐기는 등) 삶의 보람과 목적의식을 느끼게 해주는 모든 일을 체험하게 된다. 유일한 문제는 당신이 그 일을 실제로 하는 게 아니라는 것이다. 당신은 몸과 뇌가 전극에 연결된 채 탱크 속을 떠다니고 있다. 자, 당신은 그 기계에 접속할 것인가? 또는 〈매트릭스〉에서 주인공 네오가 받은 질문처럼, 당신은 파란 알약을 먹을 것인가 빨간 알약을 먹을 것인가?

현대인이 행복을 대하는 자세에서 가장 중요한 특징은 두 가지 행복 프로젝트를 다 좇고 싶은 마음이다. 오늘날 행복은 진정한 자아를 표현하고 자신의 긍정적 성향을 적극 보여주는 등 특정한 모습과 연관되는 동시에 기발한 도피성 판타지를 낳기도 한다. 그리고 이런 판타지는 루소의 정처 없이 떠다니는 배에 누워 있거나 거대한 탱크 속으로 사라지거나 파란 알약을 삼키는 상황을 다양한 방식으로 재현한다. 이런 판타지가 반영하는 욕망을 이해하려면 먼저 새로이 부상하는 요구를 살펴봐야 한다. 이 요구는 단순히 행복하라는 요구에 그치지 않는다. 이 요구에 부응하려면 인생의 매순간을 즐기고 매사에서 즐거움의 가능성을 찾아야 한다. 그리고 이 때부터는 초자아가 또 그 흉악한 고개를 치켜든다.

지나친 행복

행복을 추구하라는 명령은 시대적 전환기에 나타났다. 사람들과 어울리기 위해 (또는 생존을 위해) 자제력을 발휘하고 욕망을 억눌러야 했던, 금욕의 전통에 기반을 둔 시대가 있었다면, 지금 우리가 살고 있는 시대는 욕망을 표현하는 것이 허락될 뿐 아니라 도덕적 명령이 되는 시대다. 브뤼크네르의 말대로, "행복의 세속적 목적은 지금 당장 행복을 이루는 것이다."[61] 욕구충족을 미뤄야 했던 시대, 근무시간이 지나야 자기표현도 하고 자신을 위해 작은 사치라도 부릴 수 있던 시대는 끝났다. 이제 우리는 24시간 365일 행복할 수 있고 행복해야만 한다.

행복하려는 인간의 노력이 극단으로 치달을수록 인간은 그 한계를 고통스럽게 절감하게 된다. 파스칼 브뤼크네르의 《영원한 황홀 L'Euphorie Perpétuelle, 동문선》에 등장하는 앤드루의 이야기가 그 예다. 그는 매일이 크리스마스 같았으면 하는 마음에 크리스마스 트리를 장식해놓고 매일 아침 열어볼 선물도 준비했다. 그러나 그 의식은 의도했던 행복을 가져다주지 못했다.[62] 똑같은 것을 고집하는 강박이 새로운 것의 발견으로 승화되지 않았다. 똑같은 것은 말 그대로 그냥 똑같은 것이었다. 반복적이고 단조롭고 피곤한 일이 되었다.

이러한 무한반복이 스티브 맥퀸의 영화 〈셰임〉의 주제다. 마이클 패스벤더가 연기한 주인공 브랜든은 영화 내내 몇 장면을 제외하고는 아무 말도 하지 않는다. 화면에 브랜든의 입술만큼이나 자주 비치는 것은 반쯤 발기한 그의 성기다. 가끔 움직이는 입술은 아무 말 없을 때보다 더 무의미한 말만 뱉어 낸다. 브랜든은 최대 행복의 원리에 따라 자신의 일상을 짜놓았다. 자위. 섹스. 코카인. (휴식시간에 또 자위를 하는) 의미 없는 직업. 그리고 터무니없이 비싼, 영혼 없는 고급 아파트로의 귀가. 영화에서 이 수동적 허무주의를 잘 포착한 장면이 있다. 사무실에서 또 의미 없는 하루를 보낸 브랜든이 집으로 돌아와 바흐의 골드베르크 변주곡을 틀어 놓고 맥주 한 병과 전에 먹다 남은 아시아 음식을 꺼낸 뒤 부엌 식탁에 앉아 노트북으로 하드코어 포르노를 보며 저녁을 먹는다. 영락없는 현재형 인간다운 식사다.

겉으로 보기에 〈셰임〉은 자기파괴적 행동 패턴에 갇혀버린 중년 섹스중독자의 삶을 그린 영화다. 주인공은 우울증에 시달린다. 그러나 고전적 의미의 우울증은 아니다. 즐거움을 느낄 줄 모르는 병에 걸린 사람처럼 보일 수도 있다. 그러나 사실은 그 반대다. 주인공은 즐거움을 좇는 것 외엔 아무것도 할 줄 모르는 사람이다.

자기계발 전문가인 마크 피셔Mark Fisher는 위의 상태를 '우울증적 쾌락 상태'라고 명명했다.[63] 이는 보통 우울장애와 연관된 무쾌감증이 아니라 끊임없는 쾌락주의에서 비롯된 우울증을 뜻한다. 반복적 쾌락 추구 외에는 아무것도 존재하지 않는 상태, 근본적으로 무언가 결핍되었음을 분명히 인지하면서도 욕구충족을 위해 내달리는 것 말고는 어떤 대안도 찾지 못하는 무력한 상태다. 이 상태는 폐소공포증에 가까운 지루함을 낳는다. 맥퀸 감독은 한 인터뷰에서 '지금'에 관한 영화를 만들고 싶었다고 말했다. 사탕이 잔뜩 쌓인 식탁 앞에 천방지축 꼬맹이들을 풀어놓는 것처럼, 영화에서는 그 소재가 섹스지만 무엇이 되었든 그 무언가를 쉽게 가질 수 있는 상태가 오히려 끝없는 과소비를 부추기는 현상을 영화적으로 표현하고 싶었다고 말했다. "슈퍼마켓에서 고지방 식품을 많이 팔면 사람들이 뚱뚱해지는 것과 같은 거죠."[64] 그러나 영화는 훈계하려는 유혹에 넘어가지 않는다. 브랜든은 단순히 피상적인 것을 좇느라 진짜를 놓쳐버린 소비사회의 피해자가 아니다. 브랜든의 문제는 그 반대로 진짜를 지나치게 많이 가진 데서 비롯된다.

정신분석학 이론에 따르면, 쾌락과 과도한 즐김은 서로 전혀 다른 개념이다. 쾌락의 원칙은 통증이나 고통을 완화할 목적으로 낮은 수위의 쾌락을 규칙적으로 느낄 것을 처방하지만, 과도한 즐김은 그런 계산을 무시한다. 그렇다면 오로지 말초적인 쾌락을 위해 사는 브랜든이 택한 것은 후자, 즉 과도한 즐김이라고 생각하기 쉽다. 하지만 그렇게 생각하면 핵심을 놓치게 된다. 생명도덕 분석 차원에서 우리가 브랜든에 흥미를 갖는 이유는 그가 자기 욕망을 절대 충족하지 못하는데도 자기 의지와 상관없이 계속 소비할 쾌락을 찾아 헤매기 때문이다. 그가 좇는 쾌락은 거창하지도 않다. 별 볼 일 없는 행위의 끝없는 나열이 전부다. 브랜든은 순진하게도 그 모든 행위가 자신의 삶에 목적의식을 부여하리라 믿는다. 그런 의미에서 그는 웰니스 명령에 이상한 방식으로 복종하는 인간이라 볼 수 있다. 과잉과 죽음을 향해 앞뒤 재지 않고 달려드는 게 아니라 쾌락을 추구하기 때문이다. 그러나 쾌락 추구의 말로는 필연적으로 과잉과 죽음이다.

위의 역설은 웰니스 명령의 모호함을 잘 설명해준다. 서문에서 언급했듯이, 웰니스 명령은 지젝이 말하는 즐기라는 초자아적 명령과 매우 비슷하다. 두 명령 모두 우리에게 그 반대의 결과를 낳는 무언가를 추구하라고 압박한다. 즐기려고 노력하면 할수록 더 즐기기 힘들어진다. 웰니스를 극대화하려고 노력하면 할수록 더 고통스러워진다. 이 모호함을 이해하기 위해서는 즐거움이 무엇을 뜻하느냐고 묻는 게 관건이다. 더 구체적으로는 즐기라는 명령에서 암시하는 건 어떤 즐거움인가? 적당한 쾌락인가 아니면 과도한 즐김인가? 지젝은 《시차적 관점The Parallax View, 마티》에서 이렇게 묻는다. "즐겁게 지내라는 명령, 즉 자아실현, 자기만족 등을 추구하라는 명령은 정확히 말하면 과도한 즐김을 피하고 일종의 항상적 균형을 찾으라는 명령 아니겠는가?"[65]

지젝의 질문을 웰니스 명령에 적용하자면 분명히 그렇다고 할 수 있다. 웰니스는 균형 잡힌 행복이 목적이기 때문이다. 건강한 식습관을 기르든, 운동을 더 많이 하든, 마음챙김을 실천하든, 이 모든 활동의 공통된 목적은 항상성과 균형에 전념하여 한쪽으로 과도하게 치우치지 않는 삶을 사는 것이다. 하지만 이는 전체 그림의 일부에 불과하다. 이어지는 지젝의 주장을 들어보자.

> '즐기라'는 상업화된 도발을 마치 융단폭격처럼 쉴 새 없이 받으면, 우리는 정확히 자폐적, 자위적, 비사회적 즐김으로 내몰

린다. 그런 상태의 가장 극단적인 예가 마약 중독이다.[66]

이것이 웰니스 신드롬의 핵심에 내포된 모호성이다. 한편 우리는 쾌락을 추구하라는 명령, 하지만 과도한 즐김은 배제된, 적당한 형태의 쾌락을 추구하라는 명령을 언제 어디서나 융단폭격처럼 받는다. 사람들은 이렇게 쾌락의 원칙을 지키는 라이프 스타일이 즐겁고 균형 잡힌 삶을 영위하는 데 도움이 된다고 믿는다. 그런 인생은 꽤나 괜찮아 보인다. 그러나 쉬지 않고 쾌락을 추구하라는 압박은 결국 지루함과 피곤함을 낳는다. 그러면서 지젝이 말하는 자폐적, 자위적, 비사회적 즐김으로 내몰린다. 이쯤 되면 쾌락 추구는 인간을 육체의 냉혹한 무의미함으로 규정된 고립적 존재로 전락시킨다. 바로 〈셰임〉의 브랜든 같은 존재 말이다. 그는 육체적 쾌락에 몰두하면서 출구 없이 반복되는 욕망의 쳇바퀴에 갇히고 말았다. 욕망의 대상에 도달할 때마다 차가운 공허함만 느끼고 궁극엔 우울해질 뿐이다. 그런데도 그는 환유적으로 이 대상에서 저 대상으로 옮겨 다닌다. 아무런 만족도 얻지 못하면서. 식탁에 앉아 나태한 표정으로 포르노를 본다. 이것이 즐기라는 명령을 따른 결과다. 즐기라는 명령의 논리적 종착지는 자기 욕망의 공허함을 마주하는 것이다.

브랜든의 비극은 자신의 몸을 진리체계로 오인한 데서 비롯된다. 세상에 대한 실망감이 커질수록 그는 자기 몸을 더욱 믿고 몸에서 위안을 찾는다. 이것이 수동적 허무주의자의 운명이다. 세상과 동떨어진 상태에서 세상을 바라보며 덧없다고 말한다. 그에게 진리는 세상 저 어딘가에 존재하는 게 아니다. 진리는 자기 내면에, 자아의 놀라운 신비 속 깊은 곳에 있는 것이다. 그런 의미에서 브랜든은 생명도덕의 이상에 충실한 인간이다.

이쯤에서 웰니스 지지자의 항변을 들어보자. 웰니스 신봉자는 브랜든이야말로 생명도덕적으로 완벽한 삶과 정반대로 사는 인간이라고 말할 것이다. 브랜든은 포르노에 중독된 고독한 회사원, 그야말로 명상과 마음챙김과 건강한 식습관이 절실히 필요한 사람이라고. 보다 긍정적인 인생관을 갖고 진정한 행복을 찾으려고 노력한다면, 공원을 조용히 산책하는 식의 가벼운 쾌락이 하드코어 포르노를 끝없이 탐닉하는 것보다 훨씬 더 만족스럽다는 사실을 깨닫게 될 거라고.

하지만 브랜든은 우리가 생각하는 것보다 훨씬 더 웰니스 신봉자를 닮았다. 물론 요가보다는 포르노를 선호하지만, 자기 몸이 송신하는 메시지와 신호 외에는 아무것도 신뢰하지 않는다. 다른 모범적 웰니스 신봉자와 마찬가지로, 브랜든은 안전하다고 믿는 쾌락거리를 찾아내 계산적이고 반복적인 규칙을 정해 만족을 추구한다. 브랜든을 비롯한 웰니스 추구자의 인생은 온통 자신의 행복을 극대화하려는 노력으로만 채워진다. 그런 집착이 자기 외의 세상을 점점 의식 밖으로 밀어내면, 남는 것은 오로지 자기 몸의 반복적 맥동뿐이다.

4장 선택이라는 저주

플라톤이 말하기를 성찰 없는 삶은 살 가치가 없다고 한다.
그런데 성찰하는 삶도 깡통이면 어떡하나?

커트 보네거트, 《웜피터, 포마 그리고 그란팔룬》[1]

약속된 실업

아직 발굴하지 못한 자신의 잠재력을 발현하려면 인간은 기나긴 내면으로의 여정을 떠나야 한다. 내밀한 감정에서부터 일상적 습관까지, 생각할 수 있는 모든 것을 성찰하여 교정하고 최적화해야 한다. 그러려면 확고한 지향성과 끈질기게 긍정적인 태도가 요구된다. 상황이 아무리 암울해 보여도 우리는 낙관을 유지해야 하며 내면을 들여다보고 해결책을 찾아내야 한다. 따라서 긍정성은 성공으로 가는 길이자 사랑하는 사람을 찾고 함께 시간을 보낼 친구들을 사귈 열쇠다. 무엇보다 긍정성은 취업을 하고 성공적 커리어를 쌓을 열쇠다. 구직 현장만큼 긍정성의 메시지가 열성적으로 울려 퍼지는 곳은 없을 것이다. "커리어 관련 조언을 빠짐없이 따랐는데도 취업운이 따르지 않습니까?" 커리어 코치 해리 프리드먼Harry Freedman이 묻는다. "해답은 긍정적 사고일지도 모릅니다."[2]

영국 위건에 사는 52세 존 롭슨은 구직수당이 삭감되던 날 긍정적인 기분이 눈곱만치도 들지 않았다. 구직활동을 하지 않았다는 이유로 수당이 삭감되는 제재를 당한 그는 이제 기초생활비를 신청해야 할 지경에 이르렀다. 그동안 받아오던 구직수당이 반으로 줄어 주 30파운드밖에 되지 않았기 때문이다. 롭슨은 수당이 삭감된다는 통보를 사전에 받지 못했다. 통장에 돈이 덜 들어온 것을 보고서야 알았다고 한다. 취업정보센터에서는 롭슨이 세 번이나 마감일을 넘겨 취업신청서를 냈다는 점을 제재 사유로 들었지만, 롭슨은 분명 신청서를 냈었다. 신청서가 센터에 늦게 도착했을 뿐.

2011년 4월, 한 취업상담사의 내부고발로 취업정보센터의 폐해가 드러나기 시작했다. 취업상담사는 《가디언》과의 인터뷰에서 취업센터가 조직적으로 구직자를 속여서 수급 자격을 박탈하고 있다고 고발했다.[3] 취업센터는 난독증 환자에게 일부러 읽기 힘든 문서로 된 일자리 검색을 권했다. 또 고의로 취업신청서를 접수 마감일이 닥쳐서 발송해 구직자가 제때 제출하지 못하게 방해했다. 심보가 고약한 몇몇 상담사가 사적으로 저지르는 만행이 아니었다. 윗선에서 내려온 지시였다. 상담사들은 상부의 지령대로 행동했던 것이다. 《가디언》이 인터뷰한 상담사는 자신이 속한 지부가 다른 지부에 비해 구직자 제재 실적이 안 좋다는 이유로 동료들과 함께 추궁을 당했다고 말했다. 또 다른 상담사는 당시 심정을 이렇게 토로했다. "우리가 다른 지부에 비해 한참 뒤처지고 있었어요. 한번은 회의에서 다른 지부 실적을 따라잡으려면 이제부터 일주일에 세 명씩은 잘라야 한다며 할당까지 받았죠. 센터 직원들은 출근하는 순간부터 그 생각밖에 안 합니다. '이번 주엔 또 누구 수당을 끊어야 하나?'"[4]

영국 노동연금부는 취업정보센터들이 고의적으로 취약계층을 기만하여 복지수당을 박탈한다는 고발을 부인했다. 노동연금부 장관은 관련 보도가 나간 뒤 〈스카이 뉴스〉에 출연해 이 보도를 "음모론"이라고 일축했다.[5] 그러나 그 후 노동연금부는 일부 센터에서 제재 목표를 세운 것을 시인했다. 극히 일부 센터의 돌발 행동이었다는 해명과 함께.

2013년, 이 '미꾸라지론' 역시 거짓으로 밝혀졌다. 취업정보센터 말번 지부의 내부문서가 유출된 것이다. 문서 내용은 수급자를 신속히 제재하지 못하는 말번 지부 직원에 대한 질책이었다. 다음은 문서에서 발췌한 글이다. "현재 우리 지부의 수급자 제재 실적은 최하위권이다. 실적을 개선하지 못하면 우리 지부는 특별조치 대상이 될 것이다."[6] 추가로 밝혀진 사실에 따르면, 노동연금부는 전국 취업정보센터들의 제재 성적표까지 작성했다고 한다. 지부별로 실적을 평가하고 빨

간색 또는 초록색 화살표로 실적이 나쁜 지부와 좋은 지부를 표시했다.[7] 복지수당 수급자를 많이 제재한 센터일수록 높은 실적을 인정받았다. 한 상담사의 표현대로, "국고를 사수하는 게 취업정보센터의 사훈이었다."[8]

공식적인 제재 이유는 구직자가 구직활동을 활발하게 하지 않았다는 것이다. 취업신청서를 자주 내지 않거나 제때 제출하지 않고, 고용가능성 향상을 위한 교육에 불참하면 제재 대상이 된다. 한마디로 이들의 구직활동이 구직자에게 기대되는 수준에 미치지 못한다는 이유로 불이익을 당하는 것이다.

의무를 저버린 자에게 가해진다는 의미에서 제재는 이상하게 해고와 유사하다. 그런데 알고 보면 그리 이상한 비유도 아니다. 요즘에는 구직활동 자체가 일종의 직업으로 간주되기 때문이다. 미국 서해안 지역의 한 실업자 지원단체를 일 년 동안 연구한 조직이론가 오퍼 샤론Ofer Sharone은 실업자를 전문직으로 간주하는 관점이 관찰된다고 말한다. 구직활동을 부업이 아닌 번듯한 직업으로 보는 관점이다. "구직활동은 상근직입니다. 시간제로 보시면 안 됩니다."[9] 실업자 지원단체를 찾은 구직자에게 어떤 전문가가 한 충고다.

그렇다면 구직활동은 어떤 직무로 분류될까? 가능한 많은 곳에 입사원서를 내고 이력서를 더 잘 꾸미는 것이 구직활동의 전부가 아닌 이상, 행정업무는 아닐 것이다. 구직활동은 영업과 제품개발에 더 가깝다. 자신을 브랜딩하고 마케팅하고 판매할 새로운 방법을 찾아야 한다는 의미에서 영업이고, 자신을 더 정제하고 개선하고 변화시킬 새로운 방법을 찾아야 한다는 의미에서 제품개발이다. 결국 구직자는 자신을 상품으로 보고 시장에서 자신의 상품가치를 높여야 하는 사람이다. 구직자의 지상과제는 잠정 고용주가 탐낼 만한 고용자격을 갖추는 것이다. 여기서 중요한 것은 발굴되기만을 기다리는 건강하고 활달하고 긍정적인 인재로 자신을 포장하는 기술이다.

'고용가능성'이란 개념은 20세기 후반을 지나오면서 분명한 의미를 띠게 되었다. 처음에는 일을 할 수 있는 인구와 할 수 없는 인구를 구분하고 그 경계선에 있는 인구의 취업을 지원할 정치적 구상을 도입하면서 생긴 개념이었다. 다시 말해 고용가능성은 더 많은 사람들을 노동시장으로 끌어들이기 위해 고용주가 '할 수 있는 일'에 초점을 맞춘 정치적 구상의 일환이었다.[10]

이 수요주도형 모델은 1960년대와 1970년대를 거치면서 몇 차례 수정되긴 했지만, 1990년대까지는 대체로 유지되었다. 그러다 1990년대부터 고용가능성에 대한 새로운 접근법이 부상하기 시작했다. 일명 '노동시장에서의 성과로 평가되는 고용가능성'이라는 신개념이 생겨났다.[11] 이때부터 개인에게 초점이 맞춰지기 시작했지만, 취업을 순전히 개인의 문제로 볼 수 없다는 인식이 여전히 지배적이었다.

고용가능성의 현재 버전이 등장한 것은 1990년대 후반부터다. 개인이 홀로 자신의 취업을 책임지는 시대, 개인의 완벽한 유연성과 탁월한 순응성과 가공할 적응력이 고용가능성을 보장하는 시대가 도래한 것이다. 이는 이른바 공급주도형 근본주의로의 전환이다.[12] 이 근본주의의 탄생 연도를 짚어보자면 미국에서는 빌 클린턴이 복지개혁안을 승인한 1996년, 영국에서는 토니 블레어가 뉴딜을 도입한 1998년이 될 것이다. 두 지도자는 기존의 복지제도가 구제불능이라며 공격했다. 복지국가의 가장 심각한 병폐는 국민을 수동적이고 게으르게 만드는 것이라고 비난했다. 수혜자들은 결국 무기력해져서 평생 복지수당으로 먹고사는 것을 당연하게 생각한다는 것이다.

그런 부류를 형상화한 것이 미국의 복지 퀸과 영국의 차벳이다. 2장에서 설명했듯이, 복지퀸이나 차벳은 국가에서 생활비를 타는 다자녀 가정의 싱글맘을 비하하여 붙인 명칭이다. 그들은 건강하지 않은 라이프 스타일에 반사회적 성향이 강하고 노동에 대해 부정적일 거라고 재단 당한다. 1990년대 중반의 복지개혁은 정확히 이런 도덕적으로 타락한 자들을 겨냥하여 추진된 것이다. 그들에게도 활달하고 긍정적인 태도를 강요하기 위해서 말이다.

클린턴은 복지개혁안을 승인함으로써 "지금껏 우리가 알

고 있던 복지제도를 끝장내겠다"는 1992년 대선 공약을 실천했다.[13] 여러 측면에서 볼 때 클린턴은 레이건이 처음 표방했던 정치를 제도화한 장본인이라 하겠다. 레이건은 영악하게도 당시 부상하던 자아실현 세대를 포섭하기 위한 고도의 전략에 복지국가에 대한 공격을 결합시켰다. 영국에서도 비슷한 상황이 곧 전개되었다. 블레어는 1997년 취임할 때부터 대처의 정치를 제도화하면서 진정성에 열광하는 중산층에게 동시에 어필할 수 있는 방안을 구상하고 있었다. 대놓고 오른쪽으로 방향을 튼 블레어의 정책들을 놓고 당연히 말이 많았다. 블레어가 잘못된 방향으로 가고 있다며 비판하는 사람도 많았지만, 쌍수 들고 환영하는 사람도 있었다. 그중 한 명이 바로 대처였다. 2002년 햄프셔의 한 만찬에 초대된 대처에게 자신의 가장 위대한 업적이 무엇이냐고 누군가 물었다. 대처는 "토니 블레어와 신노동당"이라고 답했다.[14]

아이러니는 여기서 끝나지 않는다. 개인의 책임만 냉정하게 강조하는 고용가능성의 신개념은 분명 정치적 전향에서 비롯되었는데도 머지않아 정치와 무관한 개념으로 둔갑하기 시작했다. 샤론 역시 미국 구직자를 연구하면서 유사한 현상, 즉 고용가능성의 철저한 탈정치화를 관찰했다. 실업의 구조적 측면이 무엇이든 간에, 그런 문제는 언급하지 않는 게 최선이다. 샤론이 만난 구직자들은 절망적인 노동시장 같은 외부적 장애요인에 연연하지 말라는 주문을 계속 들었다고 한다. 대신 시선을 내면으로 돌려 내적 장애물을 파악하고 점검하여 마침내 극복하라는 격려를 받았다. 그리고 성공확률을 높이기 위해서 긍정적 마인드 유지에 도움이 되는 사람들만 곁에 두라는 조언도 들었다. 불쾌감을 일으키는 요소는 차단하라는 주문도 있었는데, 그 방법에는 '뉴스 금식' 즉, 뉴스 보지 않기가 포함되어 있었다. 부정적 표현도 회피 대상이었다. 특히 '실업자'라는 단어는 금기어였다. "여러분은 실업자가 아닙니다. 프리에이전트Free Agent•입니다." 취업 전문가가 구직자들에게 한 말이다.[15]

이런 식의 언어는 구조적 사안을 개인적 문제로 치환한다. 당신이 일자리를 찾지 못하는 것은 경제 탓도 그 어떤 외부적 요인 탓도 아니고 당신 내면의 장애물을 극복하지 못한 당신의 무능 탓임을 암시하는 언어다. 아니면 당신이 엉뚱한 곳에서 일을 찾고 있기 때문이든지. 자기계발서 《숨겨진 취업시장을 노려라Unlock the Hidden Job Market》의 공동저자 던컨 매티슨Duncan Mathison과 마사 피니Martha Finney의 주장에 따르면 취업시장에는 두 종류가 있다. 첫 번째는 모두가 아는 시장이다. 그런데 그 시장에서는 일자리를 찾지 못할 거라고 저자들은 경고한다. 이미 너무 많은 사람들이 일자리를 놓고 싸

• 스포츠시장에서는 자유계약 선수, 노동시장에서는 조직에 소속되지 않은 독립 노동자를 일컫는 용어.

우고 있기 때문이다. 그런데 더 자세히 살펴보면 또 다른 시장, 즉 숨겨진 취업시장을 발견할 것이다. 이 시장은 "기술과 호기심과 열정을 가진 자에게 발견되길 기다리는 기회의 땅, 신비의 평행 우주"란다.[16] 두 저자는 바로 이 시장에서 일자리를 찾을 수 있다고 독자에게 알려준다. 이 숨겨진 영역에 적극적으로 '난입'하기만 하면 된다. 일자리 찾기에 공격적으로 달려들어야지, 예의 차릴 때가 아니라는 것이다. 두 저자의 표현을 빌리자면, "자기 뜻대로 밀고 나가는 건 무례가 아니다."[17]

"마땅치 않은 옷은 있어도 궂은 날씨는 없다"는 스웨덴 속담을 살짝 비튼 것이다. 구직활동에 빗대면 이렇게 바꿀 수 있겠다. "형편없는 구직자는 있어도 안 좋은 경기는 없다."

샤론이 만난 구직자들은 자기계발의 이념과 개인책임론을 완전히 받아들인 것처럼 보였다. 처음에는 이런 생각이 일시적인 자율감과 통제감을 느끼게 해주었다. 흥분과 기대감을 자아내기까지 했다. 그러나 이러한 긍정적 감정은 나중에 절망감과 자책으로 대체되었다. 어떤 사람은 그렇게 되기까지 6주 정도 걸렸고, 어떤 사람은 3개월이 걸렸다. 그러나 이들 모두의 공통된 경험은 그 어느 순간에도 "취업 여부는 개인의 통제권 안에 있다는 이데올로기에 저항하지 않았다"는 것이다.[18] 실제로 이들은 노동시장에 대해 한마디도 하지 않았고, 일자리가 부족하다는 사실에 대해서도 언급하지 않았다. 대신 이들은 패배감을 내재화했고, 실패의 책임을 온전히 본인에게 돌렸다. 그 결과 당연히 강한 자기혐오에 빠져 있었다. 한 구직자는 자신의 상태를 이렇게 표현했다. "제일 힘든 건 나한테 무슨 문제가 있어서 취직이 안 되는 것 같은 느낌입니다." 그리고 또 다른 구직자는 "루저가 된 기분"이라고 토로했다.[19]

실업자를 전문직업인으로 보는 시각이 있다면, 같은 맥락에서 점점 더 많은 직장인들을 예비실업자로 보는 시각도 생겼다. 이것이 자본주의의 새로운 정신의 어두운 이면이다. 지난 30년 동안 주로 세계화, 규제완화, 경제자유화로 인해 노동시장이 점점 더 유연해졌다는 것은 잘 알려진 사실이다. 포디즘 시대의 특징이었던 비교적 안정적인 고용관계, 즉 평생직장이란 개념은 이제 먼 옛날의 추억이 되었다. 1960년대 후반 즈음 사회에 진출한 세대에게는 환영할 만한 변화였다. 고용안정은 당시 보편적이던 거대조직과 동의어였고, 그런 조직은 사람의 영혼을 억압하고 심지어 질식시키는, 그래서 혐오해 마지않는 대상이었기 때문이다. 이 세대에게 평생 같은 직장에 묶여 있는 것은 상상하기도 싫은 일이었다. 조직이 개인의 일생을 좌우한다는 개념이 점차 사라지면서, 새로운 현실이 부상하게 되었다. 이 현실에서는 모든 개인이 프리에이전트다. 칼럼니스트 앤드루 로스Andrew Ross가 《잡을 수만 있다면 나이스 잡Nice Work If You Can Get It》에서 말하듯이, "위계적 조직이 보장하는 고용 안정을 포기하는 대신, 예비 프리에이전트들은 셀프 고용이라는 가슴 벅찬 신세계로 뛰어들었고, 그 세계에서 과연 살아남을 수 있을지 자신을 시험해보는 짜릿함에 도취해 있다."[20]

거대조직으로부터의 벗어났을 때 느끼는 해방감이 짜릿할지는 몰라도 그만큼 잃는 것도 있으니, 바로 안정이다. 이 때문에 앞을 내다보고 계획을 세우고 미래를 꿈꾸는 일이 한층 어려워졌다. 존재는 더 작은 단위로 쪼개지고, 일정은 자꾸 더 빡빡해진다. 시간을 되돌리기가 불가능한 상황에서, 사람들은 기대했던 승리감 대신 살아남을 수 있다는 희망에 매달리는 게임을 해야 한다. 게임의 목표는 내가 주사위를 던질 차례가 돌아올 때까지 어떻게든 살아남고, 주사위를 던지면서 행운을 비는 것이다. 다시 로스의 설명을 들어보자.

> 일단 게임이 시작되면 정말 잘하는 선수도 있지만, 대부분은 그냥 근근이 생계를 유지한다. 고용주도 아니고 전통적인 의미의 피고용자도 아닌 불확실한 상태에 놓인 채, 선택지 사이를 곡예하고, 연줄을 쥐어짜고, 턱없이 부족한 시간을 관리한다. 다음 일감이나 돈줄이 언제 어디서 생길지 예측할 수 없는 불확실성을 견뎌낼 전략을 고심하면서.[21]

여기서 새로운 것은 불안정성 그 자체가 아니다. 사람들은 늘 주변부로 밀려나고 불확실한 환경에 던져져 지금 하는 일로 먹고살 수 있을지 걱정하며 살아왔다. 그런데 이제는 이 불확실성이 자아실현, 자기발전, 자아성장, 자기계발 따위의 풍조와 결합되면서 다른 양상을 띠고 있다는 것이다. 이제 사람들은 프리에이전트로서 억지로라도 자신을 홍보하고 표현하고 예비 고용주의 관심을 끌어야 한다. 지금 처지가 아무리 비참해도 성공할 가능성이 높은 사람, 긍정성과 미래지향성으로 무장한 사람으로 자신을 포장해야 한다.

실제로 겪고 있는 상황은 우울증 걸리기 딱 좋은데도 활달하고 긍정적인 이미지를 보여주기란 여간 어려운 일이 아니다. 그런 어려움을 극복할 방안으로 구직자들은 실감나는 연기까지 요구받는다. 오퍼 샤론이 추적했던 구직자들은 자신을 홍보하는 30초짜리 광고 멘트를 짜서 매끄럽고 설득력 있게 연기하는 연습을 했다. 심지어 빌 게이츠와 같은 엘리베이터를 타고 20층에 도착할 때까지 자기홍보를 하는 시나리오를 설정해서 맹훈련을 했다고 한다.

연기까지 해야 하는 상황은 아이버 사우스우드의 잠입 취재에서도 발견된다. 사우스우드가 받은 수많은 취업 알선업체 광고메일 중에 이런 제목의 이메일도 있었다. "브리튼즈 갓 탤런트! 당신의 탤런트는 무엇입니까?"[22] 누가 보더라도 수신자를 비하하는 (수신자는 당연히 주목할 만한 탤런트가 없다고 얕잡아보는) 말투다. 그런데 우리가 이 제목을 눈여겨보는 이유는 이제 구직활동이 무슨 장기자랑 오디션처럼 변해가는 추세를 보여주기 때문이다.

저널리스트 루시 토빈Lucy Tobin이 쓴 《가디언》 논평을 읽어보자.

> 전통적 채용 방식은 이제 한물간 것 같다. 요즘 뜨는 채용 방식은 사이먼 코웰이나 앨런 슈가• 흉내 내기다. 리얼리티 방송 프로그램처럼 입사지원자에게 시 낭독, 노래, 발표, 동영상 제작 같은 미션을 주고, 심지어 우승자를 자기들끼리 뽑게 하기도 한다.[23]

회사가 면접을 보러 온 지원자에게 뭔가 특별한 요소를 가미해서 자신을 보여주라고 요구하는 게 유행하고 있다는 얘기다. 토빈이 사례로 소개한 한 청년은 발표를 하면서 손동작으로 화면을 띄우고 그림을 보여주는 파워포인트 자료와 안무를 준비했다고 한다.

많은 인사과가 이를 적극 수용하고 있다. 2011년 9월, 스웨덴의 한 특급호텔은 청소부를 채용하기 위해 대규모 오디션을 기획했다. 약 1천8백 명의 젊은이들이 지원을 했다. 그

• 사이먼 코웰은 영국 오디션 프로그램 〈브리튼즈 갓 탤런트〉의 심사위원, 앨런 슈가는 신입사원을 뽑는 리얼리티 프로그램 〈어프렌티스〉 영국편의 진행자.

들 중 상당수는 전세버스를 타고 면접장에 올 만큼 먼 곳에 사는 사람들이었다. 줄서서 대기하고 있는 지원자들에게 촬영팀이 따라붙었고, 지원자들은 자기 차례가 되면 무대에 올라 2분 안에 심사위원들의 눈길을 사로잡아야 했다.[24] 스톡홀름의 테마파크 '그로나룬드'도 웨이터와 주방보조를 채용하기 위해 똑같은 방식을 도입했다. 당시 회사는 지원자를 '아티스트'라고 불렀다. 아티스트는 무대에 오르기 전까지 출연자 대기실 즉 백스테이지(실제로는 직원 탈의실)에서 자기 차례를 기다렸고, 백스테이지 출입증(실제로는 카드 형식의 면접증)이 있어야 면접장으로 들어갈 수 있었다.

엔터테인먼트 업계에서나 쓰일 법한 이런 채용방식의 배경에는 인재를 바라보는 관점의 변화가 있다. 많은 경영학 대가들이 회사 임원들에게 '인재유치 전쟁'에서 이기는 방법을 가르친다. 인재경영의 핵심은 최고의 재능을 갖춘 사람을 뽑아서 과분한 보수를 주고 최대한 빨리 승진시켜 임원 자리에 오르게 하는 것이다. 이 방식은 유행이라는 딱지를 떼도 될 만큼 오래 지속되어 이제는 경영학 원리로 인정받고 있다. 이 방식이 지금껏 인기를 누리고 인사관리의 주류에 편입된 이유는 특별히 결과가 좋아서가 아니다. 오히려 경력이 일천한 사람에게 감당하지 못할 큰 역할과 책임을 분배하는 꼴이 되는 경우가 많다. 인재경영의 인기 비결은 황당무계한 연봉 인플레이션을 정당화하고 일반화하는 기능에 있다. 경영전문 저술가 말콤 글래드웰은 이미 십여 년 전부터 이런 문제 제기를 해왔다. "인재경영은 미국 경영학의 새로운 정설이 되었다. 일류 경영대학원 졸업장에 그토록 높은 프리미엄을 붙이고 기업 고위임원에게 그토록 후한 보수를 주는 관행에 지적 정당성을 부여해주는 것도 인재경영이다."[25] 인재경영 논리대로라면, 누구는 과한 보상을 받고 누구는 아무것도 받지 못하는 상황은 얼마든지 용납이 된다. 바로 이것이 경연대회의 매혹적 원리다. 물론 가끔씩 경연무대에 오른 누군가가 자신의 숨겨진 재능을 발휘하여 새로운 가능성과 새로운 모험의 세계를 열어젖히며 인생역전의 주인공이 되곤 한다.

그런데 그런 마인드가 기업 경영자에서 시작되어 이제 직업세계의 다른 영역으로까지 번지는 것은 우려할 만한 현상이라 하겠다. 모든 사람들이 특출한 재능을 가진 것도 아니고, 꼭 가져야만 한다는 법도 없다. 재능을 지나치게 강조하는 것은 재능이 없는 다수에게 자신이 얼마나 가치가 없는지를 재확인시키는 효과를 낳는다. 뿐만 아니라 이제는 국가도 그 과정에 적극 가담한다. 앞서 소개된 특급호텔의 채용 사례에서 아티스트 지망생들을 면접장까지 싣고 간 전세버스는 정부에서 지원한 것이었다. 채용 행사를 기업과 공동주최한 측도 다름 아닌 그 지역의 취업정보센터였다.

이런 쇼 프로 같은 채용 행사는 기능적 실력만으로는 취업이 보장되지 않는다는 점을 우리에게 상기시킨다(때로는 출중한 경력과 자격이 오히려 약점이 되기도 한다). 고용주가 요구하는 것은 특정 자아, 한마디로 긍정적이고 건강하고 활력 넘치는 자아다. 알다시피 우리 주변에는 라이프 코치니 취업상담사니 퍼스널브랜딩 전문가니 개인의 가치를 올리는 데 도움을 주겠다는 사람들이 넘쳐난다. 그런데 그중 누구에게 도움과 조언을 청해도 돌아오는 메시지는 똑같다. 우리 모두 자신을 책임질 줄 알아야 한다는 메시지다. 우리는 다른 사람의 구미에 맞게 자신의 재능을 찾고 키우고 포장해야 한다는 것이다. 이제부터 살펴보겠지만, 그 메시지를 따르기 위해 정말 물불 안 가리는 사람들도 있다.

네 자신을 알라,
통제하라, 개선하라

크리스 댄시는 2009년에 정리해고를 당했다. 새 직장을 구할 가망이 별로 없어 보였다. 잡지 인터뷰에서 그는 "당시 제 고용가능성은 제로인 것 같았습니다"라고 말했다.[26] 그러나 댄시는 미래를 위해 자신을 재설계하기로 굳게 다짐했다. 취업시장에서 자신의 매력을 제고하기 위한 그의 전략은 오랫동안 열정을 쏟아온 자신의 취미를 확대하는 것이었다.

“전 어려서부터 자신의 모든 것을 재기 좋아했어요.” 댄시는 성장기에 규칙적으로 자신의 키를 재던 습관과 이십대에 자신의 재무 상태를 꼼꼼히 기록하던 습관 덕분에 요즘의 ‘자가측정self-tracking’ 문화로 자연스럽게 이행할 수 있었다. 그에게 인생의 그 어떤 부분도 측정할 필요가 없는 경우는 없다. 측정이 가능한 것이라면 측정해야 한다. 댄시의 표현대로, “측정할 수 있는 거면 누군가는 측정할 것이고, 그 누군가가 자신이어야 한다.” 실제로 우리 일상생활의 점점 많은 영역이 데이터화가 가능해지고 있다. 또한 데이터가 있으면 자체적으로 (또는 타인에 의한) 분석이 가능해진다. 댄시의 철학은 간단하다. 더 많이 알아낼수록 좋다는 것이다. 댄시 본인도 최소 세 가지 센서를 착용한 채 생활한다. 무려 다섯 가지 센서를 착용하는 경우도 있다고 한다. 이 센서를 통해 댄시는 자신의 맥박, 렘수면, 피부온도 등을 측정한다. 집 안에도 온통 센서가 설치되어 있다. 심지어 변기에도 센서를 달아 용변 패턴과 수면 패턴 사이의 상관관계를 파악하고 있다고 한다.[27] 이것이 현재형 인간에게 선고된 ‘성찰하는’ 삶이다. 여기서 말하는 성찰은 소크라테스가 (플라톤의 《변명》에서) 권하는, 삶을 보다 정직하게 살기 위한 철학적 성찰이 아니다(참고로 소크라테스는 추방보다 죽음을 택하면서 이 명언을 남겼다). 자가측정의 맥락에서 말하는 성찰은 존재론적 질문에 해답을 찾거나 인생의 유한함을 받아들이기 위한 성찰이 아니다. 시장 조건에 자신을 더 잘 적응시키기 위한 성찰이다. 그런 의미에서 보네거트의 말마따나 성찰하는 삶도 깡통일 수 있다.

댄시는 현재 실업자가 아니다. 자신의 온라인상 존재가 새 일자리를 구하는 데 도움이 되었다고 한다. 그는 자가측정을 멈추지 않을 생각이다. 자가측정이라는 생산적 습관 덕분에 고용가능성이 제고되었을 뿐만 아니라 경쟁력도 유지되기 때문이다. 그렇게 계속되는 댄시의 극단적 자기 성찰은 이제 사생활을 넘어 직업에도 적용되고 있다. 일하면서 하는 모든 행위를 기록하고 저장하는 것이다. 한마디로 댄시는 개인으로서나 직원으로서나 생산성이 향상되고 있다. 그런데 그가 보기에 개인과 직원은 종이 한 장 차이란다.

'자기 수량화self-quantification'가 일종의 운동으로 확산되면서, 댄시처럼 자신의 일생을 기록하고 공개하는 것이 대중화되고 있다. 완벽한 몸매를 과시하고픈 헬스 마니아의 욕망이나 타의 추종을 불허하는 지식으로 세상을 제패하겠다는 오타쿠의 꿈이 가세하면서 확산된 자기 수량화 운동은 단순한 수치에 새로운 의미를 부여하는 원동력이 되었다. 이 운동의 창시자 중 한 명인 개리 울프Gary Wolf에 따르면, 자기 수량화는 '수치를 통한 자기 이해'를 가능하게 해준다.[28] 단순하게 보자면 자기 수량화의 목적은 자기 발전이다. 수량화를 통한 자기 발전이 철학적으로는 모호한 개념일 수 있겠지만, 어쨌든 방법은 간단하다. 인생의 아주 사소한 측면까지 고통스러우리만큼 세밀하게 포착하여 수치화하는 것이다. 그리고 이제는 신체에 부착하는 스마트 기기인 '웨어러블 디바이스'의 가격이 떨어져서 누구나 쉽게 자기 신체에 관한 온갖 데이터를 뽑아낼 수 있다. 걸음 수를 측정하는 보수계와 심장박동계에서 출발한 웨어러블 기술은 이제 수면 패턴, 피부 반응, 활동량, 기분뿐만 아니라 공기 질 같은 환경적 요소까지 자가측정이 가능할 정도로 발달했다. 이용자는 이렇게 측정한 데이터를 컴퓨터나 SNS에 올려 관찰하고 분석할 수 있다. 이를 통해 심장박동수와 수면 사이에 관련성이 있는지, 특정 음식이 기분에 어떤 영향을 미치는지, 또는 어떤 장소에서 뇌가 더 활발해지는지를 파악할 수 있다. 마지막 단계는 자신의 데이터를 다른 자가측정자의 데이터와 비교해서 공통 패턴을 찾는 것이다. 자가측정자들끼리 모여서 자신이 개발한 새로운 모니터링 방법을 발표하는 자리도 있다. 그런 자리에 가보면 발표자가 언제 어떻게 먹고 자고 움직이고 싸는지 궁금하지 않아도 다 알게 된다.

최근 《이코노미스트》에 자가측정 기술 활용 사례를 소개한 기사가 실렸다. 한 투자은행 임원은 수면 부족에 따른 문제를 극복하여 "더 긴장을 풀고 더 예리해지고 더 집중을 잘하기 위해" 자가측정 방법을 이용한다.[29] 또 다른 자가측정자는 자신을 측정하는 데 그치지 않고 식구들에게도 측정 기술을 적용해서 아내의 월경주기까지 기록한다.[30] 세 번째 사례의 주인공은 자기 기분을 측정하는 앱을 개발해 사용한 결과, 출근길에 컵케이크를 먹은 날에는 오후에 기분이 나빠진다는 사실을 발견했다고 한다.

자신을 기록하려는 충동을 어떻게 설명할 수 있을까? 자가측정은 단지 과음이나 운동 부족 같은 안 좋은 습관을 끊기 위한 수단이 아니다. 많은 자가측정자들은 자신의 행동에 훨씬 더 깊은 의미를 부여한다. 측정 데이터를 가지고 공과 사를 불문하고 자기 인생의 거의 모든 면을 구조화함으로써 생산성을 높이려는 것이다. 목표는 그저 몇 가지 결함을 고치는 것이라기보다는 자아를 완전히 재구성하여 최적화된 사업체로 재탄생하는 것이다.

《파이낸셜 타임즈》가 인터뷰한 한 사업가는 일상을 세세히 기록하는 '라이프 로깅 life logging'을 '벤처회사를 창업해서 운영하는 것'에 비유했다. "사업을 하면 늘 각종 수치를 들여다보며 사업이 잘 굴러가는지 추적하잖습니까? … 각기 다른 데이터를 수집해서 분석해야만 얻을 수 있는 핵심 정보입니다. 그래서 내 자신에게도 그런 분석을 적용하기 시작한 겁니다."[31]

자신을 마치 사업체처럼 기록하고 관리하는 삶은 경제철학자 필립 미로스키가 말하는 '이상적 신자유주의 행위자'의 삶과 정확히 일치한다.[32] 이런 사람은 자신이 신자유주의자인지도 모를 가능성이 크다. 자기 몸을 재구성하고 자아를 발전시키는 일에 정치보다 훨씬 더 관심이 있으니까. 그는 자칭 실용주의자로서, 자아를 성찰하고 개선하고 표현해야 하는 이 시대의 냉혹한 현실을 너무나 잘 이해하고 있다. 그는 자신이 직장인 또는 학생인 동시에 판매되는 상품이자 걸어다니는 광고이자 자신의 이력서 관리자이자 존재이유 기록자이자 가능성을 경영하는 사업가라는 깨달음을 얻은 사람이다.[33] 신자유주의적 행위자에게 몸은 더 이상 사적인 것이 아니다. 심지어 정치적인 것도 아니다. 몸은 세심한 모니터링과 최적화를 해야만 이윤을 극대화할 수 있는 하나의 사업체인 것이다.

위의 메시지는 라이프 로깅 운동에 동참하는 많은 사람들에게 좌우명이나 마찬가지다. 바이오해커bio-hacker• 데이비드 애스프리David Asprey는 라이프 로깅이 수명을 몇 년씩 연장시키고 지능지수를 높여줌으로써 비교우위를 갖게 해준다고 주장한다.[34] 베스트셀러 《주 4시간 일하기4 Hour Work Week》의 저자 팀 페리스Tim Ferriss도 비슷한 논리를 펼친다. 그는 속편 《포 아워 바디The 4 Hour Body, 갤리온》를 통해 맑은 정신과 강

• 최첨단 생명공학기술을 오픈소스로 공유하며 민주적으로 사용하기 위해 활동하는 생명공학 전문가.

한 체력을 기르는 라이프 해킹life hacking• 기법을 소개한다. 그의 주장에 따르면, 성공적 라이프 해커는 하루 두 시간만 자도 수행능력을 최상으로 유지하며, 오르가즘을 15분씩 지속시키는 비법도 터득한다.[35]

라이프 로깅이 약속하는 혜택은 사람마다 다르겠으나, 그 바탕에 깔린 메시지는 변하지 않는다. 세심한 신체 모니터링이 수행능력을 향상시킨다는 메시지다. 한마디로 라이프 로깅은 생산성 제고의 한 방법이다.

여기서 더 생산적인 인간이 되고 나면 무엇을 해야 하는가는 여전히 대답 없는 질문으로 남는다. 생산성이 높아진 덕에 절약된 시간을 어떻게 써야 하는가? 답은 '생산성을 더 높일 방법을 찾는 데 쓰라'인 듯하다. 스티븐 풀이 《신형 정치가The New Statesman》에서 지적하듯이, "역설적이게도 우리는 완벽한 생산성 향상 도구와 전략을 개발하는 데 그렇게 많은 시간을 들이면서 그 도구와 전략을 가지고 실제로 뭔가를 생산할 생각은 끝내 하지 않는다." 이어지는 풀의 주장을 들어보자. "생산성에 대한 강박적 꿈은 그 꿈의 실현을 막는 완벽한 방어기제가 된다."[36] 생산성 향상으로 조금씩 절약한 시간은 "차곡차곡 쌓여서 더 많은 생산성 향상 비법을 찾아서 수

• 일상생활을 더 쉽고 효율적으로 만드는 기술이나 도구를 개발하는 일.

집할 시간을 벌어주고, 결국 우리는 아무짝에도 쓸모없는 일을 가장 효율적으로 실행하는 방법을 순전히 머리로만 터득한 이론의 대가가 된다."[37] 자기 수량화 운동을 신랄하게 비판한 저널리스트 예브게니 모로조프Evgeny Morozov의 표현도 있다. "라이프 로깅을 통해 자동차 열쇠를 더 쉽게 찾음으로써 절약되는 평균 시간은? 5분. 라이프 로깅에 요구되는 쓸데없는 디테일의 노예가 되어 뺏기는 평균 시간은? 평생."[38]

라이프 로깅을 약간 찌질한 취미로 보는 시각이 있는 반면, 훨씬 더 진지하게 보는 시각도 있다. 예를 들어 'GLG 파트너스'라는 헤지펀드 운용사는 최근 소프트웨어를 도입해 자사의 증권중개인을 대상으로 수면이나 식습관 같은 생활 패턴과 업무 수행능력 사이의 상관관계를 추적하기 시작했다. 분석을 통해 어떤 문제가 감지되면 회사는 문제의 중개인에게 생리적 패턴을 개선할 수 있도록 코칭을 권유한다. 이런 라이프 로깅의 도입을 주도한 임원은 이 방법이 하나도 이상하지 않다고 말한다. 그의 논리는 이렇다. "운동선수들은 경기에서 이기려고 오래전부터 이런 기법을 써왔는데, 회사 운영에 같은 기법을 도입하는 게 왜 말이 안 됩니까?"[39]

이런 기법의 유용성을 인정한 것은 비단 금융업계만이 아니다. 직원의 생리적 패턴을 기록하고 관리하는 관행은 이제 다른 업계로도 확산되고 있다. 미국 시카고 교원노조는 소속 교사들을 '시카고 헬시 라이프'라는 웰니스 프로그램에 가입시키는 조건이 포함된 단체협약을 마지못해 체결했다고 한다. 웰니스 프로그램의 일환으로 교사들은 의무적으로 (콜레스테롤 수치, 혈압, 체중, 체질량지수 같은) 신체 정보를 공개하고, (행복이나 스트레스를 비롯한 광범한 사안에 대해 묻는) 웰니스 평가 설문에 응하고, 프로그램 웹사이트에 들어가 정보를 올리고, 웰니스 관련 활동을 한 달에 최소 15분씩 해야 했다. 추가 지원이 필요한 교사들은 웰니스 코칭을 권유받았다. 코칭 거부권은 벌금 6백 달러를 낼 의향이 있는 사람에게만 주어졌다.

새로운 기기들이 개발되면서, 고용주는 전례 없는 밀도로 직원을 추적할 수 있는 기회를 갖게 되었다. 이제는 업무 외 영역의 수행능력까지 모니터링할 수 있다. 직원의 웰니스 지수 같은 근본적 영역까지 추적하고 분석하는 게 가능해진 것이다. 이로써 직원의 삶은 통째로 감시와 검사, 조종에 노출된다. 생산량이나 업무시간 같은 전통적 성과 측정 항목을 넘어서는 움직임은 통제의 개념이 교묘히 재구성되고 있음을 암시한다. 이제는 직원의 가장 은밀한 활동, 이를테면 무엇을 얼마나 먹고 마시고 몇 시간을 자는지까지 기업의 눈을 피할 수 없다.

이는 조지 오웰식 완전 통제의 새로운 시대를 연 것이나 마찬가지다. 들뢰즈는 이런 상황을 〈통제사회에 대한 후기〉에서 생생하게 그려냈다.[40] 이 짧은 글을 통해 들뢰즈는 통제의 현장이 더 이상 들어갔다가 일정 기간이 지나면 나올 수 있는 훈육기관이 아니라고 주장한다. 학교든 교도소든 그 안에 갇힌 사람에게는 끔찍한 경험일 수 있지만, 적어도 그런 기관은 경계가 명확하므로 기관 안팎을 구별하는 게 가능하다. 그러나 통제사회에서는 그런 경계가 인정되지 않는다는 게 들뢰즈의 주장이다. 사람들은 자신의 집에서도 포로처럼 갇혀 살고, 학교의 영향력은 도처에 미치며, 직장도 물론 우리 주머니 안에 (끊임없이 진동하는 스마트폰을 통해) 도사리고 있다. 통제는 마치 기체처럼 우리 생활의 모든 숨구멍을 에워싸고 침투한다. 이 통제는 묘하게 매력적이면서 끈질기다. 라이프 로깅 애호가는 자신의 생활을 기록하는 것을 강요로 느끼지 않는다. 라이프 로깅은 오히려 해방에 대한 욕망에 소구한다.

마크 모셸은 자신이 라이프 로깅에 열광하는 이유를 이렇게 설명한다. "나는 자기 수량화를 통해 스스로 내 건강을 통제하고 내 행동을 수정함으로써, 내 수명과 삶의 질을 최적화할 가능성을 실현하는 것이다."[41] 괴이할 정도로 자기중심적인 말처럼 들릴 수 있다. '나는'과 '내' 같은 단어에 힘을 주어 말한다면 더더욱. 하지만 그 외에도 이 문장에서 사용되는 다른 단어에도 주목할 필요가 있다. '통제' '수정' '최적화' 같은 단어들이다. 이 단어를 강조해서 다시 읽어보면 보다 익숙한 언어와 마주하게 된다. 테일러의 '과학적 경영법'

을 연상시키는 언어 말이다. 칼럼니스트 니킬 서발Nikil Saval의 주장대로, 자기 수량화 및 라이프 해킹의 부상은 '완전한 효율성에 대한 테일러의 꿈'을 부활시켰다.[42] 하지만 이제 스톱워치는 공장 안에서만 사용되는 게 아니라 우리의 삶 구석구석에서 째깍거린다. 심지어 우리가 자는 동안에도. 이어지는 서발의 주장을 들어보자. "협박과 강요로부터 해방된 인간은 알아서 과학적으로 자신을 관리한다."

서발의 주장은 우리가 자가측정자의 행동을 그저 나르시시즘의 발로로 일축해선 안 된다는 사실을 일깨워준다. 오히려 그 반대일 수 있다. 그들은 개인의 과업을 포기하고 자발적으로 자신의 몸을 생산성 향상이라는 대의에 내맡긴 것일지도 모른다. 자신의 고용가능성을 제고하려고 적지 않은 나이에 자가측정에 열을 올린 댄시의 경우도 그렇다. 물론 그는 무엇이든 측정하는 게 취미였던 사람이다. 그러나 이제는 필요에 의해 측정을 하는 것이다. 그리고 앞으로 모든 사람들이 해야 할 일을 더 일찍 시작했을 뿐이다. 댄시는 모든 형태의 측정이 긍정적이라고 보지는 않는다. 그러나 그는 미래를 비관한다고 한다. 노동자 대다수가 고용주의 오웰식 감시를 거부한다고 해도, 아니면 회사가 그런 통제가 비생산적이라고 판단하고 그만둔다고 해도, 개별 노동자들은 자발적으로 자가측정을 활용해 경쟁력을 제고하려들 것이다.[43]

라이프 해킹은 우리가 시장에서 파는 상품이라는 비관적

인식에만 기초한 게 아니다. 라이프 해킹이 시사하는 바는 그보다 더 끔찍하다. 우리는 지속적으로 업그레이드를 하지 않으면 금방 무용지물이 되는 상품이라는 것이다. 신자유주의적 행위자가 탈정치화되었을지는 몰라도, 그건 그들이 미래의 부와 명예에 대한 나르시시스트적 꿈에 갇혀 있기 때문이 아니다. 오히려 그들이 갇혀 있는 것은 철저한 자기관리만이 살 길인 냉혹한 현실이다. 이는 조너선 크래리가 《24/7 잠의 종말》에서 지적한 상황과 일치한다. 사실 우리에게 필수 업무가 된 자기관리는 강제적이고 피할 수 없는 획일성이 특징이다. 선택과 자율은 이 전지구적 자동규제 시스템을 지탱하는 환상에 불과하다.[44]

뭐든지 게임처럼

신자유주의적 행위자의 가장 놀라운 특징은 자아실현과 순응을 양립시키는 능력이 아닐까 싶다. 자가측정자에게 세세한 데이터를 수집하는 일은 자기만족 이상의 의미를 갖는다. 자신의 생산성과 경쟁력을 제고하는 길인 것이다. 그리고 경쟁력을 유지하려면 규칙을 숙지하고 게임에 뛰어들어야 한다.

게임은 더 이상 은유가 아니다. 이제는 중년 남성이 지하

철에서 게임하는 모습을 흔히 볼 수 있을 정도로 게임은 우리 생활의 일상이 되었다. 그런데 게임의 장르 중 재미나 일시적 도피가 목적이 아닌 장르가 떠오르고 있다. 이 장르의 게임은 노동자든 부모든 헬스 회원이든 연인이든 사람을 더 효과적이고 생산적으로 만들기 위해 설계된 게임이다. 이런 게임의 목적은 사람들에게 휴식을 주거나 잠시나마 현실로부터 도피하게 해주는 게 아니다. 오히려 사람들이 인생의 냉혹한 현실에 적응하고 버거운 기대에 부응하도록 돕는 게 목적이다. 그 기대는 완벽한 몸매 만들기일 수도 있고, 똑 부러지고 깔끔하게 살림하기나 고객님을 위한 친절미소 점수 올리기일 수도 있다. 개인의 행동을 개선하는 노력은 지루하고 수고스럽고 심지어 벌 받는 것처럼 느껴지기 십상이다. 그런데 게임처럼 만들면 그런 느낌을 없앨 수 있다. 지루한 일도 재밌게 할 수 있다. "설탕 한 스푼이면 쓴 약도 삼킬 수 있어"라고 노래하면서 집안을 청소하는 메리 포핀스처럼 말이다. 메리는 신나게 춤을 추면서 마법의 생각가루를 집 안에 뿌린다(그러자 널브러진 옷가지가 날아올라 얌전히 옷장으로 들어간다). 메리의 술수는 통하고, 아이들은 곧 알아서 방 청소를 한다. 이것이 '게임화gamification'의 기본 개념이다. 현실세계에 게임의 원리를 적용하여 지루한 일도 재밌게 하도록 만드는 것이다.

그런데 이 게임의 원리라는 게 정확히 무엇인가? 같은 일을 더 재밌게 포장하는 것 외에도, 게임화는 아이들의 바람과 똑같은 욕망을 기반으로 한다. 아이들이 착한 일을 했을 때 부모에게 바라는 것, 치과에서 얌전히 입을 벌렸을 때 의사에게 바라는 것은 무엇인가? 보상이다! 바로 이 보상이 게임의 원리다. 배지든 포인트든, 심지어 현금이든, 보상을 도입해 인센티브를 줌으로써 사람들이 계속 게임을 하고 싶게 만드는 것을 넘어 더 많이 더 잘해서 다음 레벨로 가고 싶게 만드는 것이다.

게임화는 고객과 더 친밀한 관계를 형성하려는 기업들 사이에서 폭넓은 인기를 끌고 있다. 예를 들어 스타벅스는 고객이 온라인 매장에 체크인하면 배지와 음료 쿠폰으로 보상하는 앱을 개발했다. 구글 뉴스는 접속 빈도가 높은 이용자에게 배지를 준다. 뉴스 읽기를 게임으로 만들면 뉴스 읽는 게 더 재밌어지고 사람들이 더 많이 읽도록 유인할 수 있다는 게 구글의 설명이다.

비슷한 원리가 대인관계 관리 같은 일상적 문제에도 적용되기 시작했다. '카누들Kahnoodle'이라는 앱을 이용하면 결혼생활도 게임화할 수 있다. 앱 이용자의 규칙 설명을 들어보자. "배우자를 배려하는 행동을 할 때마다 러브탱크가 찼다는 신호를 받습니다. 배려를 안 하면 러브탱크가 비었다는 신호를 받고요."[45] 러브탱크를 꽉 채우면 배우자로부터 마사지나 이색적 섹스 같은 보상받을 자격을 얻는다. 러브탱크를 꾸준히 모니터링하고 보상을 주고받음으로써 부부관계를 개선할 수 있다는 게 앱 이용자들의 희망사항인 듯하다.

이제는 원하기만 하면 생활 전체를 게임화할 수 있다. '에픽 윈Epic Win'이라는 앱을 이용하면 "인생을 레벨업!" 할 수 있다고 한다. 이 앱은 할 일 목록을 게임으로 만들어준다. 게이머는 아바타를 만들어 퀘스트 게임 형식으로 빨래나 이메일 회신 같은 일거리를 해나간다. 일을 마치고 나면 보상으로 '레벨업' 기회와 (아바타를 위한 새로운 아이템 같은) '에픽 전리품'을 획득한다. 이 앱을 이용하면 "집도 깨끗해지고, 업무 효율성도 높아지고, 인생의 목표가 무엇이든 그 목표 달성에 성공할 수 있다." 앱 개발자가 《가디언》과의 인터뷰에서 한 설명이다.[46]

이것이 게임화를 정당화하는 논리다. 보상심리를 이용하여 원하는 결과를 만들어낼 수 있다는 것이다. 부부금슬이 좋아지고 뉴스를 더 많이 읽어서 나쁠 건 없지 않은가? 사람들이 더 행복해지고 상식도 풍부해지고 험한 세상 살아갈 생활력을 기르면 좋은 일 아닌가? 다이어트에 적용하자면, 표준에서 초과된 체중을 줄이는 걸 누가 마다하겠는가? 게다가 적절한 보상으로 행동을 조절하여 쉽고 고통 없이 살을 빼준다는데.

보상을 이용해 사람의 행동을 조절하는 것은 스키너의 행동심리학 이론의 핵심 개념이다. 스키너는 통제된 상황에서 동물을 대상으로 한 실험을 통해 생명체는 보상에 반응하며 지속적으로 보상받은 행동은 시간이 갈수록 강화된다는 점을 발견했다. 그동안 스키너의 이론은 널리 비판을 받아왔다. 학계에서는 논평을 연재하여 스키너의 이론을 공격한 촘스키의 비판이 많이 알려져 있다. 촘스키는 인간의 정신이 깨끗한 백지라는 스키너의 전제가 "완전 터무니없고 아무 근거도 없다"고 맹비난을 했다.[47] 학계 외 분야에서 행동주의를 가장 신랄하게 비판한 것은 스탠리 큐브릭이 앤서니 버지스의 소설을 원작으로 만든 영화 〈시계태엽 오렌지〉다.

스키너의 업적이 이렇게 성공적으로 부활한 것은 의외의 현상일 수 있다. 특히 개인의 선택과 자아실현이 그토록 중시되는 시대에서 말이다. 현재형 인간에게 권위주의적 명령에 복종하는 것만큼 불쾌한 일은 없을 것이다. 그런데 스키너의 행동수정 이론의 기본전제는 인간은 의지가 매우 박약하다는 것이다. 《애틀랜틱》과의 인터뷰에서 행동과학자 진 하비베리노Jean Harvey-Berino가 체중감량 프로그램에 대해 한 말을 들어보자. "의지력으로는 성공할 수 없습니다. 성공적 다이어트의 근간은 스키너 이론입니다. 일정 기간에 걸쳐 피드백을 제공하면서 행동을 조절하고, 안 좋은 음식을 먹고 싶은 충동이 자극되지 않는 환경을 조성해야 합니다."[48]

여기서 우리는 다시 역설적 관계와 맞닥뜨리게 된다. 권위와 순응, 그리고 개성표출과 자아실현 사이의 역설적 관계

말이다. 나에게 명령을 내릴 뿐만 아니라 내 행동을 더 효과적으로 수정하기 위해 당근과 채찍을 이용하는 어떤 권위에 승복하는 것은 내 주체성과 자율성을 포기하는 것처럼 느껴진다. 그런데 이런 인식이 변하고 있다. 자기 수량화 운동에 가담한 자가측정자들이 행동수정 기법을 적극 수용하면서, 스키너식 행동주의가 다시 유행하게 된 것이다. 스키너 이론은 라이프 로거들의 자유의지와 대립하는 게 아니라 자유의지를 연장시켜 자기계발에 더욱 매진하게 해주는 수단이다. 그런데 이런 수법이 소수의 혁신자나 얼리어답터를 넘어 대중에게 널리 전파되고 있다. 이제는 누구나 스키너 이론을 기반으로 한 앱을 스마트폰이나 컴퓨터에 설치할 수 있다. 그중 인기 있는 앱으로는 '루즈 잇Lose It'이 있다. 이용자는 목표 체중과 데드라인을 설정한 후 자세한 피드백을 통해 행동수정에 도움을 받는다. 한술 더 떠 처벌까지 도입한 앱도 있다. 아래 《애틀랜틱》 기사에 소개된 '짐 팩트Gym Pact'라는 앱이 대표적 예다.

> 유저는 헬스장에 주 몇 회를 가겠다고 약속하고 운동을 거를 때마다 5달러의 벌금을 내는 데 동의한다. 앱은 GPS를 통해 유저의 헬스장 출입 여부를 확인하고 약속 시간에 헬스장에 없을 경우 등록된 신용카드로 벌금을 청구한다. 앱을 개발한 회사는 이렇게 징수한 벌금을 약속을 지킨 유저에게 배분한다. 그러니

까 운동을 하면 보상을 받고 안 하면 처벌을 받는 셈이다.[49]

이보다 더 발전해서 스마트폰 화면을 벗어난 프로그램도 있다. 행동수정에 초점을 맞춘 '레트로핏Retrofit'이라는 프로그램으로, 위의 기사에는 이렇게 소개되었다.

> 레트로핏 가입자는 식사량과 운동량을 온라인으로 관리 받고 매주 공인 영양사, 심리학자, 마인드 코치와 화상통화를 한다. … 일 년이 경과한 뒤에도 비정기적 상담을 신청할 수 있다. 레트로핏은 무선 체중계를 통해 고객의 체중을 모니터링해서 체중이 늘었다 싶으면 코치가 연락을 취하게 한다.

자가측정자들이 이런 새로운 권위주의에 자발적으로 자신을 맡기고 심지어 외부 대행자에게 돈을 내면서까지 들볶이기를 바라는 것이 이상해 보인다면, 그들이 데이터와 정보를 대하는 모순적 태도는 또 어떤가. 그들은 자신의 신체와 행동에 관한 데이터는 얼마든지 공유하면서, 국가가 데이터를 수집하고 저장하는 것은 극렬하게 반대한다. 전직 미국 국가안전보장국 직원이자 내부고발자 에드워드 스노든도 철저한 자유의지론자라고 한다. 그는 미국 정부가 잠정적 적국뿐만 아니라 동맹국과 자국민까지 어떻게 감시해왔는지를 폭로하여 웹 전도사들 사이에서 영웅으로 추앙받았다. 자유의지론자들은 오웰식 통제에 대한 공포에 사로잡혀 정부를 자국민까지 감시하는 괴물기관으로 간주한다.

공포의 대상은 가부장적 정부와 그 시녀 노릇을 하는 기관에 그친다. 자유의지론자의 눈에 그런 기관들은 하나같이 사람의 자유를 제한하기 위해 존재하는 기관들이다. 그런데 그렇게 정부를 비판하는 동안, 기업에 대해서는 별다른 언급을 하지 않는다. 기업들은 오래전부터 별다른 견제나 방해 없이 방대한 데이터를 수집해왔다. 구글이나 페이스북 같은 기업의 어마어마한 가치는 그들이 제공하는 서비스가 아니라 보유한 데이터에서 비롯된다. 그 데이터를 활용해 광고주가 잠정고객을 겨냥할 수 있도록 도울 수 있기 때문이다. 예를 들어 '액시엄Axciom' 같은 마케팅 전문 회사는 엄청난 양의 데이터를 수집해왔고, 현재 수억 명의 미국인에 대한 기록을 보유하고 있다고 한다. 이 데이터를 처리하면 '단독주택과 미니밴 소유자' 또는 '부모가 부자인 성인' 같은 미리 설정한 카테고리로 사람들을 분류할 수 있다.[50] 이런 고객 분류에 대한 유명한 일화가 있다. 어떤 회사가 한 십대 소녀에게 카시트와 기저귀 쿠폰을 보냈다. 그 소녀의 아버지는 십대 임신을 조장하는 거냐며 회사에 항의를 했다. 그러다 딸이 정말 임신했다는 사실을 뒤늦게 알게 되자 다시 회사에 전화해 사과를 했다. 소녀가 아무한테도 알리지 않았던 비밀을 소녀의 소비패턴을 추적하던 기업이 알아낸 것이다.

개인정보를 기업에게 내주는 것이 시사하는 바는 무엇일까? 또한 개인정보는 앞으로 어떤 방식으로 이용될까? 디스토피아적 상황극으로 구성된 영국 방송 프로그램 〈블랙 미러〉에 소름 끼치는 답이 나온다. 주인공 빙 마센은 세상에 염증을 느끼는 젊은이다. 그가 사는 곳은 인류학자 마크 오제 Marc Augé가 비장소 non-place라고 부를 만한 특징 없는 아파트 대단지다.[51] 손바닥만한 그의 방은 기숙사 독방의 미래 버전이다. 달랑 침대 하나가 놓여 있고 사방은 LCD벽이다. 끌 수 없는 텔레비전처럼, 이 벽은 끊임없이 개인맞춤형 광고를 보여준다. 가장 자주 나오는 광고는 〈레이스 베이브〉라는 소프트포르노 쇼 광고다. 이 광고들은 아파트 단지 내 공중화장실과 식당을 비롯해 화면이 설치된 곳이면 어디든 나온다. 빙이 좋아하는 여자를 공중화장실 앞에서 마주친 어느 날, 갑자기 〈레이스 베이브〉 광고가 화면에 나타나는 바람에 빙은 텔레비전 시청 취향을 들키고 만다.

〈블랙 미러〉 속 사회는 통제사회다. 작은 걸음 하나하나, 사소한 활동 하나하나 다 기록되어 개인점수로 환산된다. 개인점수는 늘 개인 화면 상단에 잘 보이게 표시된다. 이 점수를 가지고 사람들은 자판기에서 음식을 뽑아 먹고, 칫솔에 치약을 묻히고, 영화를 보고, 게임을 즐긴다. 개인점수를 벌기 위해 빙을 비롯한 아파트 단지 주민들은 헬스장에서 회색 운동복 차림으로 하루하루를 보낸다. 아침부터 저녁까지 사이클 페달을 밟으며 자신을 둘러싼 무수한 LCD 화면에 공급할 전력을 생산한다. 사이클을 타서 개인점수를 올리는 동안, 주민들은 영화를 보거나 게임을 하거나 자신의 분신인 아바타가 인공 시골길을 자전거 타고 달리는 모습을 쳐다본다(업무와 운동과 전력 생산을 한꺼번에 할 수 있는 사이클책상이 어쩔 수 없이 연상된다).

이 드라마가 그리는 것은 프레카리아트precariat•의 쳇바퀴 같은 존재다. 이들은 아무 목적의식 없이 장시간 노동을 하며 신분 상승의 희망 없이 살아간다. 하루 종일 사이클을 해서 버는 포인트는 음식을 사먹고 방에서 도피성 오락을 소비할 정도밖에 안 된다. 그런데 이들도 제일 형편이 어려운 계급이 아니다. 뚱뚱한 사람들은 더 계급이 낮다. 끊임없이 구박받으면서 아파트 단지 청소를 해야 한다. 그나마 사이클이라도 타는 프레카리아트의 인생은 지루함의 연속이다. 싸구려 오락은 오히려 그 지루함을 심화한다. 인생을 역전시키고 아파트 단지에 갇힌 불확실한 존재방식으로부터 탈출할 수 있는 유일한 경로는 〈핫 샷〉이라는 장기자랑 쇼에 출연할 오디션 기회를 잡는 것이다. 이는 극소수만 잡을 수 있는 기회다. 오디션 참가비가 평생 모아도 될까 말까한 1천5백만 포

• 불안정을 뜻하는 precarious와 노동계급을 뜻하는 proletariat를 합성하여 고용불안에 시달리는 노동자를 지칭하는 신조어.

인트이기 때문이다.

이 대목에서 프레카리아트 탈출을 위한 필수 코스로 인식되는 인턴십이 경매로 팔리고 있는 현실이 함께 연상된다. 앤드루 로스가 관찰한 사례를 보면, "베르사체 인턴십이 경매에서 5천 달러를 호가했고, 《허핑턴 포스트》의 임시 블로거로 활동할 권리가 1만3천 달러에 팔렸고, 《보그》 잡지사에서 일주일 동안 인턴으로 일하기 위해 누군가는 4만2천5백 달러를 지불했다"고 한다.[52]

이로써 우리는 본장의 서두에 제기했던 문제로 돌아오게 된다. 전문 구직자로서 사람들은 선택이 아니라 강제로 게임 속으로 던져진다. 그 게임이 누구의 재미를 위해 설계된 건지 분간하기란 쉽지 않다. 선수들 재밌으라고 만든 건 아닌 게 분명하다. 선수들은 끊임없는 긴장 상태에서 희망과 절망 사이를 오락가락하니까. 오퍼 샤론의 표현을 빌리자면, "구직자는 입사원서를 낼 때마다 '당첨' 확률이 정말 높다고 계속 믿어야 한다."[53] 선택이라는 이데올로기에 반전이 있다는 뜻이다. 취직은 개인의 선택과 노력의 문제다. 이력서를 쓰든 태도를 바꾸든 충분히 노력하면 우리는 마침내 원하는 것을 얻을 수 있다. 그런데 이야기는 여기서 끝나지 않는다. 노력에 더해 우리에게는 행운도 필요하다는 게 선택 이데올로기의 반전이다.

행운과 선택 사이의 역설적 관계야말로 신자유주의적 행

위자가 직면한 현실을 규정한다. 이 관계가 실제로 어떻게 작용하는지를 이해하려면 적합한 신입사원을 뽑기 위해 게임을 활용하는 기업들을 관찰하면 된다. 실리콘밸리의 작은 벤처회사 '내크Knack'는 다양한 앱 기반 게임을 개발해서 기업의 채용과정 개선을 지원하고 있다. 그중 하나가 '던전 스크롤'이라는 퀘스트 게임이다. 또 하나는 '와사비 웨이터'라는 게임으로, 플레이어는 손님이 바글바글한 일식당 웨이터가 되어 주문을 받는다. 《애틀랜틱》 기자 돈 페크Don Peck의 설명을 들어보자. "이 게임들은 단순한 오락거리가 아니다. 뇌신경과학자, 심리학자, 데이터과학자들이 사람의 잠재력을 분석할 목적으로 설계한 게임이다."[54] 내크 창립자 기 하프테크Guy Halfteck에 따르면, 게임 플레이 20분 안에 "플레이어의 정신과 지능을 정밀검사 할 수 있으며, 지도자나 혁신자로서의 잠재력을 평가할 수 있다."

이는 적합한 예비사원을 면접이나 시험 같은 정상적 방법으로는 파악할 수 없는 숨은 고수로 본다는 뜻이다. 진정한 재능의 소유자를 찾아내려면 면접 대신 그 사람이 비디오게임을 어떻게 하는지 관찰하면 된다. 흥미로운 것은 이런 변화가 모호성을 더욱 증가시킨다는 점이다. 게임을 하기 전에는 채용자도 지원자도 적임자를 예측할 수 없기 때문이다.

여기서 나타나는 현상은 '선택의 이데올로기'에서 '선택받음의 이데올로기'로의 이행이다. "우리 모두는 선택이라는 저주 아래 살아간다. 그러나 우리 모두가 선택을 할 수 있는 건 아니다." 바우만의 지적이다.[55] 그런데 신자유주의라는 현재의 별자리 운세 속에서 프레카리아트의 운명이 인재유치의 마인드를 만날 때, 선택은 다르게 해석되어야 한다. 오늘날 우리 모두가 선택을 '받을' 수 있는 건 아니라는 뜻으로. 이것이 선택의 미래다. 언젠가는 선택 받으리라는 보장은 전혀 없지만, 그래도 기회는 있다. 단, 장기자랑 참가비로 1천5백만 포인트를 내거나 《보그》 인턴이 되기 위해 4만2천5백 달러를 내야 한다.

거대한 재능 로또에 비유되는 오늘날의 냉혹한 경제 현실은 현재형 인간에게 심각한 존재론적 고뇌를 안겨준다. 현재형 인간은 자신이 언제든 무엇이든 될 수 있다고 믿는다. 그런데 현실은 이들이 생각하는 것보다 훨씬 더 막막하다. 이제 이들은 자아실현에 성공하려면 거대한 장기자랑 쇼 참가자로 선택 받는 행운이 찾아오길 빌어야 한다. 그 거대한 장기자랑 쇼의 다른 이름은 노동시장이다.

5장 웰니스여 안녕!

건강은 엿이나 먹어라.

이반 일리치[1]

병상 위에서의 자유

사람들은 보통 운동 중 부상을 당하면 불편해하기 마련이다. 그러나 여섯 권으로 이루어진 칼 오베 크나우스고르Karl Ove Knausgård의 자전적 대하소설《나의 투쟁Min Kamp, 한길사》속 주인공은 생각이 다르다. 칼 오베는 매주 나가는 축구시합에서 쇄골이 부러지는 부상을 입는다. 응급실에서 집으로 돌아온 그는 부상의 불행이 가져온 의외의 즐거움을 다음과 같이 묘사한다.

> 식사 후 나는 등에 쿠션을 대고 소파에 누워 이탈리아 축구 중계를 보았다. 아이들이 태어난 4년 전부터 지금까지 이런 시간을 가져본 건 단 한 번밖에 없었다. 그때도 나는 너무 아파서 움직이지

도 못 할 지경이었다. 하루 종일 소파에 누워 제이슨 본 영화를 보면서. 온몸이 쑤시고 견딜 수 없을 만큼 괴로웠지만 나는 1분1초가 즐거웠다. 백주대낮에 소파에 누워 영화 감상을 하다니! 이번에도 똑같은 기분이었다. 난 아무것도 할 수 '없는' 처지였다. 어깨가 아무리 화끈거리고 쓰리고 쑤셔도, 가만히 누워 있는 이 온전한 평화가 주는 즐거움이 훨씬 더 컸다.[2]

부상과 질병은 피할 수 없는 삶의 일부이며, 보통 불행으로 간주된다. 그런데 위의 글에서 칼 오베는 우리 모두 죄책감 때문에 입 밖에 낼 수 없는 생각을 너무나도 재치 있게 표현하고 있다. 아파서 거동하기도 힘든 상태가 아무리 불편해도, 업무를 보고 살림을 하고 자신을 가꾸는 등 우리가 매일같이 치러야 하는 일상의 전쟁보다 훨씬 낫다는 생각 말이다. 칼 오베는 4년 동안 딱 두 번 심하게 아프거나 다친 덕분에 그 일상의 전쟁에서 잠시 벗어나 안도감을 느꼈다. 병든 상태가 그를 일상의 압박에서 해방시켜 드디어 살아 있음을 느끼게 해준 것이다. 칼 오베에게 진정한 살아 있음은 활동적인 상태나 자신의 건강과 행복을 극대화하기 위한 적극적 노력에서 찾아지는 게 아니다. 오히려 수동적 순간 또는 항복의 순간에 비로소 그는 삶을 즐기기 시작한다.

롭 루카스 Rob Lucas의 자전적 에세이에서도 놀랍도록 유사한 정서가 발견된다. 루카스는 웹 개발자인 자신의 직업에 관한 글을 통해 업무가 자기 생활의 모든 측면을 점점 더 잠식해 심지어 꿈에도 나타나는 현상을 묘사한다. 업무 스트레스로부터 한숨 돌릴 때가 과연 언제였을까 자문해보니, 아플 때 말고는 생각나지 않았다고 한다. 그의 글을 읽어보자.

> 병에 걸려 어쩔 수 없이 일을 손에서 놔야 하는 상황이 되어야만 나를 위한 여가시간을 되찾을 수 있다. 그동안 일 때문에 미뤄뒀던 것을 요양 중에라도 드디어 할 수 있다는 생각에 독감 초기 증상을 쌍수 들고 환영하는 내 자신을 보면 기분이 묘하다.[3]

루카스에게 독감은 단 며칠만이라도 자신의 삶을 탈환할 수 있는 비밀병기인 셈이다. 병은 가상의 가해자가 나에게 휘두르는 무기가 아니다. 또한 '외부로부터 몸에 강요되는 병적 상태'도 아니다. 오히려 병은 '몸이 휴가를 받아 내려고 스스로 일으키는 것'처럼 느껴진다.

질병을 직장에서나 일상에서 받는 끝없는 스트레스로부터의 도피처로 여기는 것은 칼 오베와 루카스 같은 후기산업시대 창조산업 종사자만의 전유물이 아니다. 이들의 태도에는 훨씬 깊은 역사적 뿌리가 있다. 수전 손택은《은유로서의 질병Illness as a Metaphor, 이후》에서 19세기와 20세기 초반에 결핵환자가 어떻게 정열적이고 섹시하고 예민하고 재미있고 창의적인 이미지를 갖게 되었는지를 분석한다. 당시 결핵환자는 19세기 부르주아사회가 갖지 못한 특성을 온몸으로 보여 주었다. 결핵에 걸리면 사회가 요구하는 점잔을 떨지 않아도 된다고 사람들은 생각했다. "결핵환자는 사회 '자퇴자', 요양하기 좋은 곳을 끊임없이 찾아다니는 '방랑자'였다. 19세기 초반부터 결핵은 유배의 새로운 이유, 평생에 걸친 유랑생활의 핑계가 되었다."[4] 요양은 오직 남태평양제도나 지중해의 산맥과 사막 같은 아름답고 외진 곳에서만 가능했다. 결핵은 단지 끔찍한 병이라기보다는(물론 끔찍한 병은 분명하지만), "세상살이로부터 은퇴하면서 그 결정에 대한 책임은 면할 수 있는 수단"으로 여겨지게 되었다.[5] 손택은 이런 관념을 가장 잘 그려낸 소설로 토마스 만의 《마의 산Der Zauberberg》을 꼽는다. 함부르크 출신의 건장한 청년 한스는 친구 방문차 알프스 산맥에 있는 요양원에 몇 주 머무르던 중, 조금 미심쩍은 진단을 받고는 아예 7년 동안 그 요양원에 눌러앉는다. 산속의 맑은 공기와 책임으로부터의 해방감을 만끽하며 흥미로운 인물들과의 기나긴 철학적 논쟁에 빠져 7년을 보낸다. 칼 오베와 루카스가 꿈꾸는 도피도 그런 게 아닐까 싶다. 둘은 아파서 정신이 혼미해진 가운데 자기만의 '마의 산'으로 도망치는 환상을 보았을지 모른다.

대부분 회사원에게 인생으로부터 7년씩이나 휴가를 떠난다는 건 꿈도 못 꿀 일이다. 단 며칠만 자리를 비워도 의심을 받는 게 이들의 현실이다. 정당하지 않은 이유로 (예컨대 크리스마스 쇼핑이 하고 싶어서, 술이 덜 깨서, 날씨가 너무 좋아서 등등의 이유로) 휴가나 병가를 내는 것은 금기시된 지 오래다. 최근 한 조사에 따르면 직장인의 74퍼센트가 실제로 아픈데도 출근한다.[6] 나만의 '마의 산'으로 도망칠 환상을 품으면서도 우리 대부분은 지친 몸의 반항을 진압한 채 생산적인 척이라도 하며 살아간다.

일부 고용주는 가끔 아무 이유 없이 쉬고 싶은 충동에 대해 더 관대한 입장을 취한다. 이런 고용주는 직원이 꾀병을 부려 병가를 내는 상황을 방지할 목적으로, 아예 직원들에게 (미리 휴가계를 내지 않아도 그냥 출근하기 싫은 날을 휴가로 인정해주는) '이불(에서 빠져나오기 싫은) 날'을 허용한다. 한 스포츠 의류업체는 한술 더 떠 '허위 병가'를 광고 콘셉트로 활용했다.[7] 이 회사 카탈로그에는 한 직원의 결근일자와 근처 해변의 파도 높이 사이의 상관관계를 나타낸 도표가 실렸다. 그 직원은 서핑 마니아였다고 한다.

질병의 매력은 우리 사회의 가장 심각한 악습으로 꼽히는 '아무것도 하지 않기'를 정당화해주는 데 있다. 몸이 파업을 해야만 우리는 떳떳하게 결근을 하고 운동을 거르고 라이프 코치와의 약속을 미룬다. 질병은 일시적으로나마 인생으로부터의 합법적(?) 도피를 가능하게 해준다. 평소에는 게으름으로 치부되는 휴식이 요양으로 용납되기 때문이다. 병에 투항함으로써 우리는 '몸의 소리를 경청하라'는 생명도덕의 핵심 명령을 따르는 동시에 전복시킨다. 칼 오베와 루카스가 보여주듯이, 투항은 병자가 책임을 일시적으로나마 회피할 수 있는 '해방구'를 열어준다. 우리는 병상에서만큼은 마음 가는 대로 행동해도 된다. 아무리 게으르고 타락해 보여도 괜찮다. 그런데 이 해방구는 곧 닫힌다. 《마의 산》에서 한스는 7년이나 요양원에 머무를 수 있었지만, 포스트모던 시대 사무직 노동자에게 해방의 수단이 문제의 발단이 되기까지 걸리는 시간은 고작 며칠이다.

회사도 병을 앓다가 회복 중인 상태로 복귀한 직원을 어느 정도는 봐준다. 그런데 그 직원이 "건강해지려는 동기나 나으려는 의지가 없어 보이면" 이야기는 완전히 달라진다. 이때부터는 그 직원의 병이 우연으로 간주되지 않는다. 직원이 스스로 발병을 유도했거나 적어도 발병에 일말의 책임이 있다는 가정이 성립된다. 손택은 이 가정이 꽤 오래된 것으로, 19세기 후반의 심리분석가 게오르그 그로덱Georg Groddeck에서 출발했다고 추정한다. 그로덱은 "병자가 스스로 병을 만들어낸다"고 말했다.[8] 또 다른 초기 의술인 칼 메닝거Karl Menninger 역시 비슷한 주장을 하며 이런 말을 남겼다. "질병은 부분적으로는 세상이 병자에게 가한 것이긴 하나, 대개는 병자가 자기 세상과 스스로에게 가한 것이다."[9] 《은유로서의 질병》을 집필하던 당시 손택 본인도 암 투병 중이었다. 그는 주변 사람들이 위와 비슷한 생각을 표현하고 있다는 것을 느끼고는 이렇게 주장했다. "그런 가당찮고 위험한 관점은 질병의 책임을 환자에게 전가한다. … 환자의 치유 여부가 이미 시험 당할 만큼 당해 너덜너덜해진 환자의 자기애에 달렸다고 생각하게 만든다."[10]

보다 최근 연구에서 바바라 에런라이크는 암 진단을 받은 환자들 사이에서 놀랍도록 비슷한 정서를 관찰했다. 그가 조사한 한 유방암 관련 웹사이트는 암을 긍정하는 말들로 가득했다. 이를테면, "날 위해 눈물 흘리지 못하는 것에 눈물 흘리지 말자" "인생이 레몬을 던져주면 미소를 쥐어짜자" "배가 들어오길 기다리지 말고 헤엄쳐 마중 나가자" 등등. 에런라이크는 암에 걸린 연예인의 증언도 찾아봤는데, 어떤 연예인은 "암은 내게 일어난 최고의 일"이라며 "내 행복의 원천이 하필이면 암이었다"고 단언했다. 또한 에런라이크가 발견한 어떤 책은 암을 '선물'로 묘사했다.[11]

에런라이크가 조사한 위의 표현들은 그로덱과 메닝거의 주장보다는 긍정적으로 느껴지지만 내포된 메시지는 사실상 똑같다. 암에 걸린 건 환자의 책임이 아니지만, 결과는 환자의 책임이라는 메시지다. 일부 긍정주의자들은 조금 더 조심스럽게 말한다. 우리가 병을 선택한 건 아니지만 병을 겪어내는 방식은 선택할 수 있다고. 우리가 긍정적이고 쾌활한 마음가짐으로 병에 맞서면 통제감과 주체성을 되찾을 수 있다는 것이다. 반면 항복하고 포기한 상태에서 병세가 악화되면 그건 우리 책임이다.

질병은 웰니스의 명령으로부터 도피처가 되어주기보다는 오히려 그 반대가 될지도 모른다. 질병이라는 우주에서 환자를 소환하여 건강해지라는 명령에 다시 복종하게 만듦으로써 말이다. 환자는 휴식에 안주하면 안 된다. 건강을 되찾기 위해 긍정적 사고에 힘쓰고 환우 지원단체에 참여하고 특별 환자식을 참아 내는 건 기본이고, 필요하면 그 이상의 노력도 해야 한다. 질병이 일시적으로 우리를 일에서 해방시킬지는 몰라도, 웰니스를 위한 수고에서 해방시키지는 않는다. 결국 병치레는 또 다른 일이 된다. 이런저런 예약도 해야 하고, 단계별 목표도 달성해야 하고, 올바른 태도도 길러야 하는, 그야말로 상근직이다.

뚱뚱해도 괜찮아!?

라스베이거스에는 웰니스를 완전히 무시하는 식당이 있다. 스캔들을 일으키기도 한 이 식당의 이름은 '하트 어택 그릴Heart Attack Grill'이다. 식당은 웹사이트를 통해 "미국에서 유일하게 효과가 보장된 다이어트 프로그램"을 실시하고 있다고 자랑한다. 식당에 들어서면 포르노를 연상시키는 간호사 복장의 늘씬한 웨이트리스가 손님을 맞는다. 그리고는 손님에게 환자복을 입히고 환자용 팔찌를 채운다. 메뉴는 싱글, 더블, 트리플, 쿼드루플 바이패스bypass• 버거다. 체중 150킬로그램이 넘는 손님은 무료로 식사할 수 있다. 식사를 마치고 나면 의사가 권장한 식단을 따르지 않은 죄의 대가로 간호사에게 '맴매' 맞는 옵션도 있다(죄책감을 덜기 위한 상징적 제스처인 듯하다). 웹사이트에는 고삐 풀린 칼로리 섭취 후 '맴매' 맞는 손님들의 민망한 동영상이 올라와 있다. 그리고 홍보한 대로 이 식당의 다이어트는 효과가 있었다. 2012년 2월 11일, 한 손님이 트리플 바이패스 버거를 먹다가 심장마비로 사망한 것이다. 그로부터 일 년 후, 옛 종업원의 고발로 식당은 또 다른 스캔들에 휩싸였다. 그 종업원은 식사 도중 쓰러진 손님의 모습을 언론에 제보할 목적으로 촬영하라는 지시를 받았다고 폭로했다.[12]

하트 어택 그릴은 웰니스 명령과 정반대의 이미지를 구축했다. 손님에게 몸을 경청하라느니, 칼로리 섭취를 엄격히 감시하라느니, 건강한 자아를 만들라느니 같은 말을 일절 하지 않는다. 대신 몸을 잊어버리고 다이어트 관련 충고도 무시하고 건강하지 않은 것을 탐내라고 응원한다. 불문학자 리처드 클라인Richard Klein의 포스트모던한 안티다이어트 책 《뚱보처

• 관상동맥우회술. 쿼드루플 바이패스 버거는 싱글 버거의 4배 크기를 말한다. 관상동맥 질환을 각오하고 주문하라는 뜻.

럼 먹어라Eat Fat, 포스트모던 다이어트, 황금가지》도 유사한 메시지를 담고 있다. 클라인은 책에서 안티다이어트를 어떻게 실천할 수 있을지 잠시 고민한다. "기름덩어리만 골라먹는 다이어트는 어떨까?"라며. 클라인은 지방만 섭취하는 다이어트를 날씬하고 건강하라는 실현불가능한 요구에서 벗어나게 해줄 출구로 인식한 것이다. 뚱뚱함에 대한 클라인의 주장을 들어보자.

> 뚱뚱함은 우리가 인생의 아주 중요한 영역에서 완전한 자아실현에 실패했음을 보여주는 가시적 징표다. 피할 수 없는 실망의 원인이다. 슬픔과 자책 어린 자기혐오와 끊임없는 수치의 원천이다.[13]

하트 어택 그릴은 뚱뚱함을 인정하고 반기는 태도를 홍보 수단으로 이용해 물의를 일으켰지만, 이 '비만친화적' 메시지를 진지하게 받아들인 사람들도 있다. 사회심리학자 이름가르트 티쉬너Irmgard Tischner의 《뚱뚱한 인생Fat Lives》에 등장하는 과체중 여성들은 공공장소에서는 몸에 좋은 음식을 제대로 먹으며 사회규범을 따르다가 보는 눈이 없는 집에서는 먹고 싶은 대로 먹으며 반항한다.[14] 이들에게 먹는 행위는 배고픔을 달래기 위한 행위가 아니다. 자신을 억압하는 날씬함이라는 규범에 저항하는 수단인 것이다.

칼로리를 대하는 이 전투성은 몇몇 개인에게만 나타나는

성향이 아니라 일종의 운동으로 확산되었다. 이름하여 '비만 수용 운동'은 부르주아의 인정 범위 안에 비만인을 자리매김함으로써 비만인의 존엄성을 회복하자는 운동이다. '전국비만수용증진협회' 같은 단체는 과체중 인구의 평등권을 보장하고 비만인에 대한 차별을 철폐하고 권익을 신장하기 위해 비만수용 운동을 시민권 운동으로 규정한다. 이들은 과체중인 사람들의 처지가 다른 소수자와 다를 게 없다고 본다. 전국비만수용증진협회의 사명선언문을 살펴보자.

> 수백만 명에 이르는 뚱뚱한 미국인들은 … 소수집단을 구성하며 다른 소수집단과 같은 특성을 지니고 있다. 이들 역시 부정적 자아상, 죄책감, 고용 차별, 상업적 착취, 조롱에 시달린다.

협회는 과체중 인구의 자존감을 보호하기 위한 캠페인도 조직한다. 예를 들어 샌프란시스코 베이 에어리어 지부는 뚱뚱한 사람을 차별하는 광고간판을 도시에서 없애는 캠페인을 성공적으로 진행했다. 협회는 또한 체중을 근거로 한 차별을 막기 위해 입법 운동도 병행하고 있다. 그런데 이 운동의 주된 초점은 라이프 스타일에 맞춰진 것처럼 보인다. 비만수용 운동을 연구한 앤 커크랜드Anne Kirkland는 협회가 주최한 연례총회에 체력단련, 공예, 미용, 여행, 섹슈얼리티 등을 주제로 한 세션이 다수 포함되었다고 전한다.[15] 강의 제목도

'수중 에어로빅' '자신을 사랑하는 능력 회복' '뚱보를 좋아하는 남자들' '뚱보들의 섹스에 대해 궁금했지만 차마 묻지 못한 모든 것' 등이 눈에 띄었다. 비만수용 운동 활동가들을 인터뷰하면서 커크랜드가 관찰한 바에 따르면, 이들은 뛰어난 업무 실력 같은 다른 긍정적 특성을 과시하고 싶어 했다.

이것이 비만수용 운동의 두드러진 특징이다. 비만인은 특정 체형의 기준에는 못 미쳐도 (뚱뚱해도 건강할 수 있다는) 웰빙 개념과 (뚱뚱해도 사교적이고 성실하고 모험심 넘친다는) 활동적 삶의 이미지에 기대어 인정받고 존중받을 수 있다는 믿음이다. 커크랜드가 인터뷰한 사람들 대다수는 자신의 긍정적 마인드와 적극적 성향을 강조했다. 예를 들어 한 미인대회 출신 뚱보는 인터뷰에서 이렇게 말했다. "고용차별이 있다면 그건 내 상상 속에나 있는 것 같아요. 내가 이렇게 말할 수 있는 건 지금 난 똑똑하고 재능이 있으니까, 내가 똑똑하고 재능이 있다는 걸 남들한테 보여줄 수 있으니까 그런 거예요. 이런 나를 직원으로 안 뽑아? 그럼 나도 거기서 일 안 해. 그게 권익 신장이지 뭐겠어요."[16]

비만수용 블로그 '투 홀 케이크Two Whole Cakes'도 쾌활함을 내세워 문제에 비슷하게 접근한다. 블로그 게시판은 "여러분, 내가 그동안 얼마나 바빴냐고요? 겁나 진심 진짜 바빴다니까요!" 식의 글이 주를 이룬다. 이 블로거는 뚱뚱하고 게으른 사람, 비난받아 마땅한 사람이 아니다. 현재형 인간으로서,

웰니스 신드롬이 내세우는 가치관을 고스란히 실천하고 있다. 딱 한 가지, 날씬함만 빼고. 이는 리처드 클라인이 비만수용 운동에 대해 지적한 문제와 연결된다. "수용은 많은 경우 체념을 뜻한다. 바꿀 수 없으니 어쩔 수 없이 적극 수용하지만 사실 마음속 깊은 곳엔 여전히 바꾸고 싶은 간절함이 남아 있다. … 비만수용은 타인에게 관용을 요구하면서도 뚱뚱함에 대한 혐오를 그대로 간직한다. 자기혐오의 형태로."[17]

결국 비만수용 운동은 비만인이 맞서 싸우려는 바로 그 이데올로기를 형식만 달리 하여 다시 표현하고 있다. 비만수용 운동의 논리는 이런 것이다. 나는 뚱뚱할지 몰라도 강인하고 외향적이고 긍정적이고 개성을 표출할 줄 알므로 (어느 정도는) 존중받을 권리가 있다. 그런 의미에서 비만수용 운동은 건강과 행복의 근간이 되는 웰니스 개념을 거의 그대로 수용하고 있다 하겠다. 단지 몸에 대한 인식만 살짝 비틀어서, 라지 사이즈도 웰니스의 수용 범위에 끼워 넣으려는 것이다. 비만수용 운동은 체력을 단련하고 활발한 성생활을 즐기고 미인대회에 출전하는 건 덩치와 아무 상관이 없다고 계속 상기시킨다. 그리고 날씬해지기 위한 전투에서 빠지려면 다른 모든 전선에서 더욱 열과 성을 다해 더 활달하고 더 네트워킹 잘하고 더 재밌는 사람이 되어야 한다고 말한다.

바이러스 뒤쫓기

꾀병이나 폭식과 더불어 웰니스의 요구에 반기를 드는 또 다른 방식으로 위험한 섹스가 있다. 웰니스로부터의 출구 찾기를 목적으로 한 성행위 중 근래에 뜨고 있는 가장 흥미로운 방식은 베어백킹barebacking일 것이다. '베어백킹'은 남성 동성애자가 콘돔 없이 하는 성행위를 뜻한다. 베어백킹이 흥미로운 이유는 위험한 섹스를 통해 웰니스의 윤리에 도전하기 때문이다. 이 문화를 탐구한 《무한 섹스Unlimited Intimacy》의 저자 팀 딘Tim Dean은 베어백킹이 아무 생각 없는 성교가 아니라 고도의 의미를 부여한 의식적 행위라고 설명한다.[18]

베어백킹 커뮤니티는 대략 두 유형으로 나뉜다. 우선은 바이러스를 뒤쫓는 자들이다. 이들에게 에이즈를 일으키는 HIV바이러스는 성적 흥분의 핵심요인이다. 가장 이상적인 것은 성행위를 할 때마다 매번 바이러스를 받는 것인데, 그 이상을 실현할 유일한 방법은 감염 여부를 검사하지 않고 새로 성행위를 할 때마다 (바이러스를 받음으로써) 자기가 양육되거나 '선물'을 받는다고 상상하는 것이다. 두 번째 유형은 선물을 주는 쪽, 즉 에이즈 감염자로서 바이러스를 나눌 의향이 있는 남성이다. 이들은 더 소수이며 더 은밀하게 활동하는데, 의도적으로 에이즈를 퍼뜨리는 것은 형사법상 범죄행위에 해당하기 때문이기도 하다. 선물을 주는 쪽은 전형적인 남자 역할의 게이로서, 감염자 신분을 드러내기 위해 '전쟁의 흉터'를 몸에 지니기도 한다.

베어백킹은 앞에서 분석한 웰니스 명령에 정면으로 도전한다. 그리고 당연히 이성애자 중심의 언론은 물론 주류 게이 언론에도 충격을 안겨주었다. 그러나 딘은 베어백킹의 의미를 이해하기 위해서는 에이즈가 급격히 확산되면서 동성애자들을 향한 의심의 눈초리가 훨씬 심해졌던 시대적 맥락을 감안해야 한다고 주장한다. 이런 시각을 바로잡기 위해 나온 핵심 전략 중 하나가 성적 책임감이 강한 남성 동성애자 이미지를 만드는 것이었다. 금욕을 실천하거나 '안전한 섹스'만 하겠다는 뜻이었다. 콘돔 없이 하는 항문 성교는 연인 사이뿐만 아니라 교육적 기능을 자부하는 포르노 업계에서도 절대 금기가 되었다.

딘의 지적에 따르면, 문제는 이런 동성애자 '건전화'가 "게이스러움을 거세하고, 변태성을 희석하고, 베어백킹을 비롯해 퀴어 커뮤니티가 창출한 성적 하위 문화를 병적 상태로 간주하는 것"과 마찬가지였다는 것이다.[19] 한마디로 동성애자를 교화하여 선량한 시민으로 만들어 내는 정치적 프로세스가 진행되었던 것이다. 베어백킹 문화는 이런 가치를 전면 거부하면서 형성되었다. 안전과 건강을 추구하라는 명령에 정면으로 맞섬으로써, 베어백킹은 새로운 성적 정체성을 창출한다. 보편적 합법성을 획득하려고 노력하기보다는, 성적 위험을 신중하게 관리하여 건강을 지키려는 규범을 뛰어넘는 관행을 만들려고 한다. 성행위에 위험이라는 요소를 다시 끌어들여 매번의 성행위를 목숨과 맞바꿔야 할지 모를 극한 상황으로 몰아감으로써 섹슈얼리티에 무게감을 더한다. 베어백킹은 또한 섹스를 절제의 안전선을 벗어난 형태의 쾌락으로 만든다. 성교가 단지 건강을 최적화하는 수단이 아니라는 사실을 끊임없이 상기시키면서, 성교가 말 그대로 죽음으로 이어질 수 있음을 보여주는 것이다.

딘의 주장에 따르면, 베어백킹은 건전화되지 않고 한계도 없고 치명적일지 모를 형태의 쾌락을 선사하는 것을 넘어, 남성 동성애자들을 새로운 형식의 친밀감으로 묶어준다. 이 남성들은 HIV바이러스를 매개로 일종의 계보를 만들어 내고, 죽을 때까지 끊을 수 없는 부모자식 같은 관계를 맺는다. 혈연 네트워크 내지는 일종의 족보가 생겨남으로써, 이 남성들은 여러 세대를 종횡하는 연결고리를 갖게 된다. 누가 누구를 낳았는지에 따라 이성애자들이 족보를 만들 듯이, 베어백커들이 바이러스를 누구에게 전염시키는 행위를 '번식'이라고 부르는 것은 어찌 보면 당연하다.

이 하위 문화가 생명도덕의 맥락에서 볼 때 특히 흥미로운 이유는 개인적 웰니스라는 이데올로기를 의식적으로 거부하기 때문이다. 나아가 베어백킹은 정성 들여 건강하게 가꾼 몸이 가진 불로장생의 이미지에 정면으로 이의를 제기한다. 그리고 웰니스의 자명한 가치를 부정한다. 이런 접근법의 힘은 '건강하라는 초자아의 명령'에 불복종하는 능력에서 나온다. 그리고 그 힘은 '건강'과 '위험회피'라는 이상에 회의를 품고 인생의 유한함을 받아들이는 법을 배우는 길라잡이가 된다.[20]

베어백커만큼 구체적으로 웰니스 명령에 저항하는 사람은 드물 것이다. 이들은 단지 건강하고 정상적으로 살라는 명령을 거부하는 것이 아니다. 그 명령을 전복시켜 사회에 되던지는 것이다. 그것도 도덕적 규범을 뒤흔드는 파격적인 방식으로. 이들은 남몰래 웰니스 명령의 다른 조항들을 다 섭렵하고 싶어 하는 비만인과 달리 아주 당당하다. 건강에 관한 한, 베어백커는 웰니스 명령을 단호히 거부한다.

하지만 그런 베어백커도 웰니스 신드롬의 딱 한 측면과는 여전히 밀접한 관계를 맺는다. 바로 진정성 추구다. 영웅적으로 죽음을 맞이하는 순간, 베어백커는 진정한 자아에 관한 자기만의 비전을 체화하는 것이다. 베어백커가 지닌 전쟁의 흉터 역시 일반인으로부터 자신의 고유한 자아를 구별하는 수단이다. 베어백커들은 끊임없이 남들과 경쟁적으로 성적 편력을 비교한다. 그리고 현재형 인간과 마찬가지로 자아를 표현할 새로운 방식을 개척하기 위해 부단히 노력한다. 새로운 차원의 깊이를 추구한다. 진정성 추구, 자기만의 개성 표출, 타인과의 차별화, 네트워킹 실력 계발. 이 모든 것은 웰니스 신드롬 안에서 발견되는 자아계발의 핵심적 측면들이다. 자아를 위한 이런 수고는 웰니스에 저항하는 과정에서 행해질지라도 우리가 탈피하고자 하는 바로 그 이데올로기에 우리를 더 단단히 묶어버릴 위험을 수반한다. 베어백커는 건강하라는 명령에 매우 독특한 방식으로 저항하지만, 자아실현의 요구까지 떨쳐버리는 것은 힘들어할 수 있다. 이런 요구는 우리가 언젠가는 완전하고 진정한 자아를 쟁취할 것이라는 해로운 환상에 기반을 두고 있다. 우리가 그 환상을 계속 붙잡고 있는 한, 웰니스 신드롬도 우리를 꽉 붙잡고 놓지 않으리라.

나오는 말

쾌락보다 중요한

우리는 엄밀한 의미의 행복보다는 쾌락을 선호할지도 모른다.
일상을 살다가 남몰래 느끼는 찰나의 황홀함, 흥겨움,
인생의 기로마다 함께하는 가벼운 도취감, 그리고 특히
의외성과 흥분이 전제된 기쁨.

파스칼 브뤼크네르, 《영원한 황홀》[1]

2013년 초, 《뉴욕 리뷰 오브 북스》에 '환희Joy'라는 제목으로 소설가 자디 스미스Zadie Smith의 글이 실렸다. 일부 독자는 스미스의 글이 잡지의 다른 기사와 어울리지 않는다고 느꼈을지 모른다. 화가 라파엘로의 말년에 대한 길고 진지한 사색이나 새들의 내면세계를 탐구한 전문 서적에 대한 서평이 주를 이루는 잡지에 마약에 취해 밤새 클럽에서 춤을 췄던 하룻밤에 대한 스미스의 개인적 회상이 끼어 있었으니 말이다. 거의 20년 전의 하룻밤을 스미스가 그토록 자세히 기억하고 큰 의미를 부여하는 것은 그가 그날 밤 어떤 감정에 공포에 질릴 만큼 가까이 다가갔기 때문이다. 그 감정을 스미스는 환희, 달리 말해 "그 공포와 고통과 희열의 묘한 혼합물"이라고 묘사한다.

서두에 브뤼크네르가 주장하듯이, 환희는 의외성과 흥분을 전제한다. 그러나 환희는 삶을 방해하고 황폐하게 만드는 효과도 있다. 환희는 우리를 꽉 붙잡고 잔혹하게 흔들어 놓는다. 그러니 환희가 아주 희귀한 감정인 건 좋은 것일지도 모르겠다. 스미스의 표현대로, "살면서 환희를 맛보는 순간이 더 많았으면 좋겠냐고 묻는다면, 난 그렇다고 자신 있게 답하지 못할 것이다. 다루기가 너무 까다로운 감정이라는 것을 아주 잘 아니까."[2]

환희가 다른 감정과 뚜렷이 구별되는 특징을 갖게 된 것은 쾌락을 넘어서기 때문이다. 우리는 프로이트 덕분에 쾌락과 과잉이 양립불가능하다는 사실을 안다. 쾌락의 원칙을 받쳐주는 개념은 다름 아닌 절제다. 인간은 당뇨환자가 혈당을 조절하듯 쾌락을 조절해야 한다. 쾌락의 과잉은 불길한 징조다. 고통이라는 대가를 지불할 때가 곧 닥치기 때문이다. 우리는 쾌락을 추구하는 동시에 불쾌감을 회피하려고도 한다. 그러려면 끈기와 근면, 절제력이 필요하다. 쾌락을 위해 햄버거를 먹어도 괜찮다. 단, 방목한 소로 만든 건강한 유기농 햄버거를 고집하고, 먹고 나서 조깅을 하면 된다. 그것이 내 행복과 건강을 최적의 상태도 만드는 길이며, 동시에 내가 의식 있고 사려 깊은 사람임을 증명하는 길이다.

우리는 이런 식으로 잘 조절된 쾌락을 끊임없이 제공받는다. 디카페인 커피, 안전한 섹스, 무지방 초콜릿, 무가당 탄산 음료, 그리고 친환경 SUV. 지금 어디선가 마약 밀매조직들이 공정무역 코카인 브랜드를 개발하고 있다고 해도 그리 놀랍지 않을 것 같다.

우리 사회는 '조절된 쾌락'이 넘쳐난다. 하지만 환희는 여전히 희소가치가 높다. 자디 스미스는 일생 동안 환희를 느낀 기억이 다섯 번 내지 여섯 번밖에 없다고 말한다. 그리고 그중에는 연애의 감정을 동반한 환희도 있었다고 한다. 사랑의 환희는 고리타분한 외부세계가 녹아 없어지는 아주 특별한 순간을 선사한다. 특별한 사람과 함께 있는 동안, 현실은 전혀 다른 모습으로 다가온다. 그런 순간에는 환희를 통제하거나 조절하겠다는 생각 자체가 낯설게 느껴진다. 지금 이 순간 외에는 눈에 뵈는 게 없을 때, 우리는 언제 닥칠지 모를 위험에 전전긍긍하지 않는다. 스미스는 당시 연인과 박물관 정원에 갇혔는데, 둘은 돌사자 위에 누워 잠을 청할지 아니면 높은 담을 넘다가 발목을 부러뜨릴지 고민했다고 한다. 괴로움의 징조도, 위험에 대한 근심도 없었다. 오로지 환희만 있었을 뿐.

그러나 스미스가 글에서 가장 세밀하게 묘사한 순간은 모든 걸 변화시키는 사랑의 힘을 느꼈던 순간이 아니다. 런던의 오래된 스미스필드 정육시장 인근 '패브릭'이라는 나이트클럽에서 마약에 취해 겪었던 일이다. 스미스는 그날 밤새

놀며 말 그대로 잊을 수 없는 밤을 보냈다고 회상한다. 누구나 아는 노래인데도 그 순간 들으면 마치 처음 듣는 것 같은 착각에 빠지게 하는 그런 음악이 스미스를 에워쌌다. 마약의 약발이 듣기 시작하자, 음악은 더욱 강렬해졌다. 셔츠를 벗어던진 남자들과 앞치마처럼 생긴 야릇한 상의를 입은 여자들이 댄스 플로어 위에서 한 몸이 되었다. 모두가 춤을 추었다. 정말 특별한 밤이었다. 환희의 밤.

그렇게 그 밤을 묘사하고는 스미스가 묻는다. "대영제국 동포들이여! 그대들 중 운 좋게도 암페타민 엑스터시 1세대를 사용하면서 가끔 발생하는 치명적 부작용을 겪지 않았던 사람이 있는가? 그래, 그대들. 그대들에게 묻겠다. 그게 '환희'였을까?" 스미스는 잘 모르겠단다. 잊을 수 없는 밤이었던 건 두말하면 잔소리지만. 스미스는 화학약물로 하나 된 사람들이 둥둥 떠다니는 세계를 누비던 기억으로 다시 돌아간다. 음악에 취해 있던 그에게 누군가 다가왔다. "비쩍 마른 몸매에 눈은 왕방울만한 남자가 몸뚱어리의 바다를 헤치며 다가와 내게 손을 내밀었다. 나는 그 손을 잡았다. 난 정수리가 날아가 버렸다. 우리는 춤을 추고 또 췄다. 환희에 내 몸을 내주었다." 스미스는 그 광란을 함께한 남자의 이름을 기억하지 못한다. 그래서 '스마일리smiley'라고 부르기로 한다. 스마일리는 자꾸 "느껴져?"라고 스미스에게 물었다. "아직 안 느껴져?" 스마일리의 온 신경이 스미스의 경험에 곤두서서 그녀가 '느끼길' 열렬히 응원하고 있었다.

환희는 쾌락과 차원이 다른 감정이다. "해변 바캉스는 쾌락이다. 그러나 그날 댄스 플로어에서 나는 존재 자체가 환희였었다." 그러나 스미스는 그런 환희가 지속불가능하다는 사실을 너무나 금방 깨달았다. 다음날 눈을 뜨는 순간, 스마일리는 더 이상 "광대이자 신적 동물이면서 구세주 같은 사람"이 아니었다. "벌써 대마초를 피워 문 채, 택시 타게 20파운드만 빌려달라는, 그저 절망스러울 만큼 재미없는 깡마른 약쟁이"에 불과했다. 스미스는 클럽 음악이 뒤섞여 울려 퍼지던 그 밤이 과연 환희였는지 곧 회의감이 밀려왔다고 한다. 그냥 화학작용이 만들어 낸 사건이 아니었을까?

환희의 순간은 그 덧없음 때문에 그토록 무게감 있고 의미심장하게 느껴지는 것이다. 쉽게 대체가능한 일상적 쾌락과 달리, 환희는 뜻밖의 순간에 찾아왔다가 똑같은 방식으로 떠나버린다. 쉽게 반복하거나 복제하거나 되살릴 수 있는 게 아니다. 환희는 빨리 죽는다. 죽어가는 환희를 소생시키려는 그 어떤 노력도 빈 껍질만 남긴 채 수포로 돌아간다. 스미스가 생각하기에 환희의 순간이 곧 사라질 것을 아는, 바로 그 깨달음이 환희를 그 어떤 조절된 재생가능한 쾌락과도 비교할 수 없는 중요한 감정으로 만드는 것이다.

스미스의 잊을 수 없는 밤으로부터 20년이 흐른 지금, 광란의 현장인 패브릭 클럽에서 멀지 않은 곳에 새로운 클럽

이 생겼다. 클럽 이름은 '모닝글로리'다. 이곳에서는 마약이 금지된다. 술도 마찬가지다. 뿐만 아니라 모든 형태의 과도한 즐거움도 찾아볼 수 없다. 수백 명의 도시 남녀가 이른 아침 출근하기 전 클럽에 들러 하우스 리듬에 맞춰 춤을 춘다.[3] "클럽과 똑같습니다. 그런데 한참 놀다 괴로움에 휘청거리며 밖으로 기어 나오는 게 아니라, 상쾌한 기분으로 출근합니다. 그리고 클럽에서는 맥주 대신 커피와 크루아상을 먹고 마사지를 받습니다." 클럽 운영자의 설명이다.[4]

모닝글로리는 건강 증진과 웰니스 극대화를 목적으로 설계된 클럽이다. 손님들이 기나긴 하루를 생산적으로 업무에 임하도록 준비시켜주는 것이다. 이런 클럽은 광란의 춤으로 시동을 걸어 하루를 시작하고 싶은 현재형 인간의 필수 코스다. 여기에는 스미스가 만났던 깡마른 약쟁이 스마일리 같은 넋 나간 남자는 없다. 오히려 자기 아내의 월경주기까지 기록하는 라이프 로거를 만날 확률이 더 높다.

모닝글로리는 환희를 선사하는 곳이 아니라 조절된 쾌락이 지배하는 곳이다. 이곳에서는 모든 형태의 과잉을 지양해야 한다. 지나치게 비싸고 역설적이게 밝은 색의 스포츠 의류를 제외하고. 모닝글로리의 현대적 매력은 쾌락의 원칙을 건강과 생산성의 극대화라는 웰니스의 의무와 결합시키는 능력에서 비롯된다. 모닝글로리는 재밌고 외향적이고 주관이 뚜렷하며 일할 때도 놀 때도 열심인 데다 그 둘을 합치면 더 신나는, 그런 개인주의자를 위한 곳이다.

현재형 인간이 되려면 끊임없이 자아를 위해 수고해야 한다. 아침 일찍 일어나 춤을 추며 생산성에 시동을 걸고, 집중력 향상을 위해 마음챙김 강습을 듣고, 라이프 코치와의 상담을 통해 커리어 목표를 모니터링해야 한다. 몸을 가꾸기 위해 이 모든 복잡한 일을 수행하는 것은 쾌락에 대한 깊은 충성심 때문만은 아니다. 또 다른 동기는 신자유주의적 행위자를 엄습하는 먹구름과도 같은 시장의 불확실성이다. 꼼꼼한 자가측정으로 자신을 재탄생시켰던 실업자 댄시를 기억하는가? 댄시에게 자가측정은 자신의 쾌락을 위한 도구라기보다는 더 큰 행복과 건강으로 가는 길이었다. 점점 더 경쟁이 치열해지는 노동시장에서 자신의 매력을 키우는 수단이었다.

댄시는 웰니스 명령을 놀랍도록 충실하게 따른다. 자가측정은 일이든 취미든 그의 삶 전체를 규제한다. 그는 쾌락의 원칙을 시장원리와 결합시켜 일과 재미를 동시에 추구한다. 긴 산책이 쾌락지수를 높여준다면, 아예 책상 앞에 러닝머신을 설치하는 건 어떨까? 쾌락을 링거 맞듯 꾸준히 주사함으로써 사람은 더 오래, 더 효율적으로 집중력을 유지하면서 책상에 붙어 있을 수 있다. 회의도 마찬가지다. 야외에서 도보회의를 하면서 수행능력을 올릴 수 있는데 회의실 안에 갇혀 있을 필요가 없지 않는가? 아직도 이 교리를 받아들이지 못한 직장인들, 자신을 더 건강하고 생산적인 사람으로 만들어야 하는 도덕적 의무를 이해하지 못한 직장인들은 건강 프로그램 가입을 권유받는다. 그래도 말을 안 들으면 라이프 코치와의 일대일 상담을 선고받는다.

웰니스 명령은 현대의 직업윤리와 밀접하게 관련되어 있지만, 그렇다고 직장에만 국한되지는 않는다. 삶과 일 사이의 구분선을 그리기가 점점 더 어려워지고 있다. 라이프 코치들은 그저 직장인으로서의 우리 인격만 상대하지 않고 우리의 심리를 깊숙이 파고들려 한다. 승마 같은 개인적 취미가 기업 관리자 연수방법으로 변했다. 단체로 문신을 새기는 것이 회사에 대한 충성심을 표현하는 수단이 되었다. 이 책에서 우리는 웰니스 명령이 어떻게 우리 삶의 모든 영역과 모든 순간에 침투했는지를 기록하려고 했다. 웰니스 명령은 식생활, 명상, 심지어 수면을 포함해 생각할 수 있는 모든 활동을 쾌락을 최적화하고 생산성을 제고할 기회로 삼는다.

하지만 이 책을 통해 입증했듯이, 우리가 웰니스를 극대화하기 위해 집중하면 할수록 우리는 더 소외되고 더 막막해진다. 완벽한 다이어트를 절박하게 찾고, 행복을 강박적으로 추구하고, 직장에서 강제로 운동을 하고, 끝이 안 보이는 라이프 코칭을 받고, 생리적 현상까지 세밀하게 측정당하고, 하루 전체를 게임처럼 살아간다. 이렇게 웰니스를 통해 생산성을 높이려고 안간힘을 쓰는 것은 또 다른 문제를 낳는다. 우리를 나르시시즘에 전염시켜 자기중심적으로, 내면만 지향하게 만든다. 자나 깨나 오로지 자기 몸에만 관심을 두게 만든다. 그리고 라이프 스타일과 관련된 모든 선택을 계속 모니터링하는 책임감에 동반되는 불안이 조금씩 우리를 엄습하게 만든다. 우리가 다이어트 규칙을 어기거나 인생 목표를 달성하지 못하는 실수를 필연적으로 범했을 때, 우리가 느끼는 죄책감이 커져만 가는 것도 웰니스 명령 때문이다. 웰니스에 인생을 저당 잡힌 사람에게는 다른 이들보다 더 건강하고 행복하고 생산적이라는 특성만 있는 게 아니다. 그런 사람은 더 자기밖에 모르고 더 불안과 죄책감에 시달리기도 한다. 한마디로 웰니스 신드롬의 피해자인 것이다.

생명도덕은 단지 추종자 개인에게만 고통을 가하는 게 아니다. 이들이 타인과 맺는 관계까지 바꿔놓는다. 웰니스의 높은 기대에 부응하지 못하는 사람을 보며 웰니스 신봉자는 역겨움을 토로한다. 이들의 독설이 공론장에서 통용되기 시작하면, 이성적 논쟁은 설 자리를 잃게 된다. 더 이상 구조개혁을 믿지 못하는 관료들은 더 편협한 관점으로 행동수정을 위한 개입에 기댈 것이다. 육체에 관한 장황설과 점점 침해적 성격을 띠는 라이프 스타일 개입이 정치를 대신할 것이다. 결국 우리는 정치적 요구를 포기하게 된다. ('사회복지'를 통한) 자원의 공정한 분배, ('정체성 정치'를 통한) 억압받던 집단의 명예회복, 그리고 ('민주화'를 통한) 다양한 정치적 의견의 대변은 이제 '개인적 갱생'이라는 새로운 욕망으로 대체되었다.

이런 현실에서 실업자는 복지수당이 아니라 라이프 코칭을 받는다. 차별받는 집단은 자신의 정체성을 자랑스러워할 기회가 아닌 운동 계획표를 받는다. 시민들은 자신의 인생에 영향을 끼치는 의사결정 과정에 참여할 기회가 아니라 마음 챙김 수업을 받는다. 그 과정에서 불평등과 차별, 권위주의는 정면으로 대응하기엔 너무 거창한 문제로 인식되기 시작한다. 그러면서 정치인의 야심도 근시안적으로 전락해 유권자의 웰빙 증진에만 골몰하게 된다.

그동안 우리의 건강과 행복 회복에 초점을 맞춘 이데올로기에 도전하는 세력이 없었던 건 아니다. 이 이데올로기는 피터 플레밍Peter Fleming이 '사후인식 정치post-recognitional politics'라고 명명한 새로운 형태의 정치를 촉발하였다.[5] 이 정치 운동은 웰니스로부터 도망침으로써 권위에 도전한다. 아픈 사람은 병상에서 일어나길 거부하고, 비만수용자는 체중계를 내다버리고, 베어백커는 에이즈 감염 검사를 회피한다. 저마다 웰니스 명령에서 벗어나 세상을 겪어 내는 새로운 방식을 창출하려고 시도한다. 이런 시도는 새로운 해방구를 열기도 하지만, 생명도덕에 저항하는 반군세력을 오히려 자신의 육체에 더욱 집착하는 덫에 빠뜨리기도 한다.

이런 탈출 시도의 말로는 웰니스 신드롬으로부터 벗어나는 게 얼마나 어려운지 깨닫는 것으로 이어진다. 그러나 탈출로를 찾는 첫걸음은 강박적으로 몸의 소리를 경청하는 것을 멈추고, 건강과 행복에 대한 집착을 버리고, 인간의 잠재력은 무한하다는 환상을 깨는 데 있는 게 아닐까? 대신 우리의 몸을 잠시 잊고, 행복 좇기를 멈추고, 우리의 인격이 건강하고 행복해질 잠재력으로만 규정되는 게 아니라는 사실을 받아들이면 어떨까? 웰니스가 우리가 죽기 전에 이루어야 할 목표, 또는 운명이 아닐 수도 있다.

웰니스의 손아귀에서 도망치려면, 우리가 인간으로서 가능성으로만 규정되는 게 아니라 무력함으로도 규정된다는 사실을 인식해야 하겠다. 무력함은 부끄러운 게 아니다. 자신의 무력함을 인정함으로써, 우리는 어떤 면으로든 늘 부족함이 있기 마련이라는 사실을 깨닫게 된다. 인생의 중요한 것들 대부분은 실패와 고통이 따르기 때문에 그만큼 가치가 있는 것이다. 진실은 종종 우리를 괴롭게 한다. 정치 행동은 직접적인 위협과 위험을 불러오기도 한다. 아름다움은 슬픔에 젖어 있을 때가 허다하다. 사랑은 늘 우리 가슴을 찢어놓는다. 이렇듯 인생의 중요한 가치들은 고통을 수반하지만, 스미스의 말마따나 그 가치를 포기하고 싶을 만큼 큰 고통은 아니다.

그럼에도 스미스는 이렇게 따진다. "누가 그런 미친 거래를 받아들이겠는가? 이성적이고 합리적인 인간이라면 무조건 환희보다는 쾌락을 선택할 것이다. 생존본능이 투철한 모든 동물이 그러하듯. 쾌락은 끝이 나도 어느 누구에게도 해가 되지 않는다. 어차피 비슷한 값어치의 다른 쾌락으로 언제든 대체가 가능하니까."[6] 그러나 생각을 달리 해보자. 쾌락만을 수용하고 추구하는 것이야말로 진짜 비이성적이고 비합리적인 것이다. 물론 쾌락의 원칙만 따르면 병들어 고생하는 일도 최소화하고 행복 지표도 최적화할 수 있을 것이다. 고통도 최대한 줄일 수 있다. 그러나 쾌락은 우리를 고립시키기도 한다. 그러므로 우리는 자신의 병에만 한없이 매달리기보다는 세상의 병을 직시하고 치유하기 위해 행동해야 하겠다.

참고문헌

참고문헌

들어가는 말

1 Hervé Juvin, *The Coming of the Body* (London: Verso, 2010), p. 34.

2 These include: Duke, Texas A&M, Qunnipac, Loyola, North Dakota, North Carolina, East Carolina, UC Davis, Seattle, Clemson, Syracuse, American, Denver and Southern Florida.

3 Lancey Rose, 'The best places to go to prison', *Forbes*, 25 May 2006.

4 Jonathan M. Metzl, 'Introduction: Why "against health"?', in Jonathan M. Metzl and Anna Kirkland, eds, *Against Health: How Health Became the New Morality* (New York: New York University Press, 2010), p. 2.

5 Lauren Berlant, 'Risky bigness: On obesity, eating, and the ambiguity of "health" ', in Metzel and Kirkland, eds, *Against Health*, p. 26.

6 As quoted in Berlant, 'Risky bigness', p. 26.

7 Will Davies, 'The political economy of unhappiness', *New Left Review*, 71, 2011, p. 65.

8 Alenka Zupančič, *The Odd One In* (Cambridge MA: MIT Press, 2008), p. 5.

9 Slavoj Žižek, *In Defense of Lost Causes* (London: Verso, 2008), p. 30.

10 Renata Salecl, *Choice* (London: Profile, 2010), p. 5.

11 Kim Severson, *Spoonfed: How Eight Cooks Saved My Life* (New York: Riverhead, 2010).
12 Pascal Bruckner, *Perpetual Euphoria: On the Duty to be Happy* (Princeton, NJ: Princeton University Press, 2010), p. 53.
13 Steven Poole, *You Aren't What You Eat* (London: Union, 2012).
14 Carl Elliott, *Better Than Well: American Medicine Meets the American Dream* (New York: W.W. Norton, 2003), p. 30.
15 Elliott, Better *Than Well*, p. 34.
16 Simon Critchley, *Infinitely Demanding: Ethics of Commitment, Politics of Resistance* (London: Verso, 2007), p. 4.

1장. 완벽한 몸

1 Christopher Lasch, *The Culture of Narcissism: American Life in an Age of Diminished Expectations* (New York: W.W. Norton, 1979) , p. 4.
2 'Pursuit of Happiness radio show couple found dead in New York', *Guardian*, 7 June 2013.
3 Taffy Brodesser-Akner, 'The merchant of just be happy', *New York Times*, 28 December 2013.
4 Arlie Russell Hochschild, *The Outsourced Self: Intimate Life in Market Times* (New York: Metropolitan Books, 2012), pp. 219—28.
5 Marie Myung-Ok Lee, 'Want to be a better worker? Please consult this horse', *The Atlantic*, 2 September 2011.
6 Brodesser-Akner, 'The merchant of just be happy'.
7 Spencer Jones, 'Should a life coach have a life first?', *New York Times*, 27 January 2012.
8 Eve Tahmichioglu, 'Coaches wanted in the game of life', *New York Times*, 12 January 2008.
9 Brodesser-Akner, 'The merchant of just be happy'.
10 Arlie Russell Hochschild, 'The outsourced life', *New York Times*, 5 May 2012.
11 Salecl, *Choice*, p. 33.
12 Salecl, *Choice*, pp. 33—4.
13 Lasch, *The Culture of Narcissism*, p. 177.

14 Slavoj Žižek, *The Ticklish Subject: The Absent Centre of Political Ontology* (London: Verso, 2000), p. 368.

15 Žižek, *The Ticklish Subject*, p. 368.

16 Luc Boltanski and Eve Chiapello, *The New Spirit of Capitalism* (London: Verso, 2007).

17 Andrew Ross, No Collar: *The Humane Workplace and Its Hidden Costs* (Philadelphia: Temple University Press, 2003).

18 http://positivesharing.com/2006/10/10-seeeeeriously-cool -workplaces/.

19 Micha Solomon, 'The hazards of hiring like Zappos', *Forbes*, 5 March 2014.

20 Ivor Southwood. *Non-Stop Inertia* (Alresford, Hants: Zero, 2011), p. 20.

21 Southwood, *Non-Stop Inertia*, p. 1.

22 Southwood, *Non-Stop Inertia*, p. 3.

23 Salecl, *Choice*, p. 23.

24 Chade-Meng Tan, *Search Inside Yourself* (London: Collins, 2012).

25 Catlin Kelly, 'O.K. Google, Take a deep breath', *New York Times*, 28 April 2012.

26 Tan, *Search Inside Yourself*, p. 33.

27 Julie Watson, 'Marine Corps study how mindfulness meditation can affect troops', *Huffington Post*, 19 January 2013.

28 Ron Purser and David Loy, 'Beyond McMindfulness', *Huffington Post*, 7 January 2013.

29 Ben Goldacre, *Bad Science* (London: Harper Perennial, 2009).

30 Purser and Loy, 'Beyond McMindfulness'.

31 Karl E. Weick and Ted Putnam, 'Organizing for mindfulness: Eastern wisdom and Western knowledge', *Journal of Management Inquiry*, 15(3), 2006, p. 280.

32 Juvin, *The Coming of the Body*, p. xii.

33 A.G. Sultzberger, 'Hospitals shift smoking bans to smoker bans', *New York Times*, 10 February 2011.

34 Robert Proctor, *The Nazi War on Cancer* (Princeton, NJ: Princeton University Press, 2000), p. 173.

35 Lawrence O. Gostin, 'Global Regulatory Strategies for Tobacco Control' *Georgetown Law Faculty Publications*, Washington, 2007, Paper 481.

36 Joanne Brewis and Christopher Grey, 'The regulation of smoking at work', *Human Relations*, 61(7), 2008, pp. 965—87.

37 Chantal Mouffe, *On the Political* (London: Routledge, 1996), p. 5.

38 Salecl, *Choice*, p. 55.

39 Salecl, *Choice*, p. 55.

2장. 건강의 장삿속

1 Richard Klein, *Eat Fat* (New York: Pantheon Books, 1996), p. 22.

2 Alexandra Michel, 'Transcending socialization: A nine-year ethnography of the body's role in organizational control and knowledge workers' transformation', *Administrative Science Quarterly*, 56(3), 2011, p. 339.

3 Michel, 'Transcending socialization', p. 339.

4 Michel, 'Transcending socialization', p. 339.

5 Michel, 'Transcending socialization', p. 341.

6 Michel, 'Transcending socialization', pp.342–3.

7 Michel, 'Transcending socialization', p. 354.

8 Jonathan Crary, *24/7: Late Capitalism and the Ends of Sleep* (London: Verso, 2013).

9 Jim Loehr and Tony Schwartz, 'The making of a corporate athlete', *Harvard Business Review*, 79(1), 2011, pp. 120–9

10 Loehr and Schwartz, 'The making of a corporate athlete', p. 122.

11 Loehr and Schwartz, 'The making of a corporate athlete', p. 128.

12 Soeren Matteke, Hangsheng Liu, John Caloyeras, et al., *Workplace Wellness Programs Study: Final Report* (Santa Monica, CA: RAND, 2013).

13 Olga Khazan, 'Employers tell workers to get a move on', *Los Angeles Times*, 15 May 2011.

14 World Economic Forum, *Working Towards Wellness* (2007).

15 Olga Khazan, 'Health begins at work', *The Atlantic*, 13 November 2013.

16 Nilofer Merchant, 'Sitting is the smoking of our generation', *Huffington Post*, 18 January 2013.

17 Kate Brateskier, 'Walking meetings: Why you should schedule a conference on the move', *Huffington Post*, 24 June 2013.

18 Peter Bowes, 'Treadmill desks: How practical are they?', *BBC News Magazine*, 30 January 2013: http://www.bbc.co.uk/ news/magazine-21076461.

19 James Hamblin, 'The electricity generating bicycle-desk that would power the world', *The Atlantic*, 7 January 2014.

20 Matteke et al., *Workplace Wellness Programs Study*.

21 Jill R. Horwitz, Brenna D. Kelly and John DiNardo, 'Wellness incentives in the workplace: Cost savings through cost shifting to unhealthy workers', *Health Affairs*, 32(3), 2013, pp. 468–76.

22 Mikael Holmqvist and Christian Maravelias, *Managing Healthy Organizations: Worksite Health Promotion and the New Self-Management Paradigm* (London: Routledge, 2010), p. 79.

23 Holmqvist and Maravelias, *Managing Healthy Organizations*, p. 80.

24 Christian Maravelias, Torkild Thanem and Mikael Holmqvist, 'March meets Marx: The politics of exploitation and exploration in the management of life and labour', *Research in the Sociology of Organizations*, 37, 2013, p. 144.

25 Holmqvist and Maravelias, *Managing Healthy Organizations*, p. 118.

26 Zygmunt Bauman, *Liquid Modernity* (Cambridge: Polity, 1999), p. 78.

27 Bauman, *Liquid Modernity*, p. 78.

28 Tina Rosenberg, 'A big church: A small group health solution', *New York Times*, 10 November 2011.

29 Rosenberg, 'A big church'.

30 Michael Mosley and Mimi Spencer, *The Fast Diet* (London: Short Books, 2013).

31 Bryan S. Turner, 'The government of the body: Medical regimens and the rationalization of diet', *British Journal of Sociology*, 33(2), 1982, pp. 254–69.

32 Turner, 'The government of the body', p. 265.

33 Turner, 'The government of the body', p. 268.

34 Sandra Lee Bartey, *Femininity and Domination: Studies in the Phenomenology of Oppression* (London: Routledge, 1990), p. 66.

35 Cressida J. Heyes, 'Foucault goes to Weight Watchers', *Hypatia*, 21(2), 2006, p. 133.

36 David Vise and Mark Malseed, *The Google Story* (New York: Delacourt Books, 2005), p. 194.

37 Vise and Malseed, *The Google Story*, p. 197.

38 Nanna Mik-Meyer, 'Managing fat bodies: Identity regulation between public and private domains', *Critical Social Studies*, 10(2), 2008, p. 28.

39 Nanna Mik-Meyer, 'The imagined psychology of being overweight in a weight loss program', in Jaber F. Gubrium and Margaretha Järvinen, eds, *Turning Troubles into Problems: Clientization in Human Services* (Abingdon: Routledge, 2013).

40 Mik-Meyer, 'The imagined psychology of being overweight', p. 29.

41 Holmqvist and Maravelias, *Managing Healthy Organizations*, p.113.

42 Holmqvist and Maravelias, *Managing Healthy Organizations*, p. 80.

43 Nikolas Rose, *The Politics of Life Itself* (Princeton, NJ: Princeton University Press,

2006), p. 6.

44 Torkild Thanem, 'I'll have a burger, but a healthier burger: Bio-politics and dynamics micro-assemblages of bio-political struggle in workplace health promotion', paper presented at Academy of Management, Annual Meeting, Montreal, 2010, p. 18.

45 Julia Gutham, 'Teaching the politics of obseity: Insights into neoliberal embodiment and contemporary politics', *Antipode*, 41(5), 2009, p. 1117.

46 Carol Sternhell, 'You'll always be fat, but fat can be fit', *Ms Magazine*, April 1985. p. 62.

47 Steve Myall, 'The real secret to weightloss success is keeping it simple', *Mirror*, 18 February 2013.

48 Bauman, *Liquid Modernity*, p. 67.

49 John Germov and Lauren Williams, 'Dieting women: Self surveillance and the body panopticon', in Jeffery Sobel and Donna Maura, eds, *Weighty Issues: Fatness and Thiness as Social Problems* (Hawthorne, NY: Aldine de Gryuter, 1999), p. 122.

50 Janneke Harting, Patricia van Assema and Nanne K. de Vries, 'Patients' opinions on health counseling in the Hartslag Limburg cardiovascular prevention project: Perceived quality, satisfaction, and normative concerns', *Patient Education and Counseling*, 61(6), 2006, pp. 142–51.

51 Christopher Dewberry and Jane M. Ussher, 'Restraint and perception of body weight among British adults', *The Journal of Social Psychology*, 134(5), 2001, pp. 609–16.

52 A.S. Chamove, P.A.M. Graham and C.M. Wallis, 'Guilt and obsessive-compulsive traits in female dieters', *Journal of Human Nutrition and Dietetics*, 4(2), 1991, pp. 113–19.

53 Sigmund Freud, 'Civilization and Its Discontents', *The Standard Edition of the Complete Psychological Works of Sigmund Freud, Volume XX1, 1927-1931* (London: Vintage, 2001), p. 125.

54 Freud, 'Civilization and Its Discontents', p. 128.

55 Jason Glynos, 'Self-transgressive enjoyment as a freedom fetter', *Political Studies*, 56(3), 2008, pp. 679–704.

56 Pascal Bruckner, *The Tyranny of Guilt: An Essay on Western Masochism* (Princeton, NJ: Princeton University Press, 2010).

57 Philip Mirowski, *Never Let a Good Crisis Go to Waste* (London: Verso, 2013).

58 James Delingpole, 'A conspiracy against chavs? Count me in', *The Times*, 13 April 2006.

59 Owen Jones, 'Posh people are not a persecuted minority', Verso blog, 1 June 2011. http://www.versobooks.com/blogs/ 563-owen-jones-in-response-to-james-delingpole-posh-people -are-not-a-persecuted-minority.

60 Owen Jones, *Chavs: The Demonization of the Working Class* (London: Verso, 2011).

61 Bev Skeggs. 'The making of class and gender through visualizing moral subject formation', *Sociology*, 39(5), 2005, p. 965.

62 Germaine Greer, 'Long live the Essex girl', *Guardian*, 5 March 2001.

63 Skeggs, 'The making of class and gender through visualizing moral subject formation', p. 967.

64 Skeggs, 'The making of class and gender through visualizing moral subject formation', p. 974.

65 Tim Ross, 'Minister: Poor families are likely to be obese', *The Daily Telegraph*, 22 January 2013.

66 Imogen Tyler, '"Chav mum, chav scum": Class disgust in contemporary Britain', *Feminist Media Studies*, 8(1), 2008, pp. 17—34.

67 George Orwell, *The Road to Wigan Pier* (London: Penguin, 1937/1986), p. 119.

68 Stephanie Lawler, 'Disgusted subjects: The making of middle-class identities', *The Sociological Review*, 53(3), 2005, p. 430.

69 David Hume, *A Treatise on Human Nature* (London: Penguin, 1739/1969), p. 462.

70 Jonathan Haidt, 'The emotional dog and its rational tail: A social intutionist approach to moral judgement', *Psychological Review*, 108(4), 2001, pp. 814—34.

71 Jonathan Haidt, Silvia Helena Koller and Maria G. Dias, 'Affect, culture, and morality, or is it wrong to eat your dog?', *Journal of Personality and Social Psychology*, 65(4), 1993, p. 617.

72 Ange-Marie Hancock, *The Politics of Disgust: The Public Identity of the Welfare Queen* (New York: New York University Press), 2004.

73 Mary Douglas, *Purity and Danger: An Analysis of Conceptions of Pollution and Taboo* (London: Routledge and Kegan Paul, 1966).

74 Giles Hattersley, 'We know what food the kids like, and it's not polenta', *Sunday Times*, 24 September 2006.

75 Megan Warin, 'Foucault's progeny: Jamie Oliver and the art of governing obesity', *Social Theory and Health*, 9(1), 2011, p. 24.

76 Laurie Ouellette and James Hay, 'Makeover television, governmentality and the Good Citizen', *Continuum: Journal of Media and Cultural Studies*, 22(4), 2008, p. 6.

77 Joanne Hollows and Steve Jones, '"At least he's doing something": Moral entrepreneurship and individual responsibility in *Jamie's Ministry of Food*', *European Journal of Cultural Studies*, 13(3), 2010, pp. 307—22.

78 Warin, 'Foucault's progeny'.

3장. 행복 독트린

1 Samuel Beckett, *Waiting for Godot* (London: Faber, 1953), p. 60.

2 Martin Seligman, *Authentic Happiness* (New York: Free Press, 2002), p. xi.

3 Zig Ziglar quotes, available at www.quoteswise.com.

4 Goldacre, *Bad Science*.

5 Barbara Ehrenreich, *Smile or Die: How Positive Thinking Fooled America and the World* (London: Granta, 2009).

6 Ehrenreich, *Smile or Die*, p. 74.

7 Ehrenreich, *Smile or Die*, p. 89.

8 Norman Vincent Peale, *The Power of Positive Thinking* (New York: Fireside, 1952).

9 Peale, *The Power of Positive Thinking*, p. 4.

10 Napoleon Hill and W. Clement Stone, *Success through a Positive Mental Attitude* (New York: Pocket Books, 1960).

11 Hill and Stone, Success Through a Positive Mental Attitude, p. 6.

12 Ivan Robertson and Cary L. Cooper, *Well-being: Productivity and Happiness at Work* (New York: Palgrave Macmillan, 2011), p. 4.

13 Zig Ziglar, *See You at the Top* (Gretna: Pelican, 1975), p. 52.

14 Deepak Chopra, *The Ultimate Happiness Prescription: 7 Keys to Joy and Enlightenment* (Chatham: Ebury Publishing, 2010), p. 45.

15 Russ Harriss, *The Happiness Trap: How to Stop Struggling and Start Living* (Boston: Trumpeter Books, 2007).

16 Nicola Phoenix *Reclaiming Happiness: 8 Strategies for an Authentic Life and Greater Peace* (Forres: Findhorn Press, 2011), p. 10.

17 Phoenix, *Reclaiming Happiness*, p. 10.

18 Thomas Bien, *The Buddha's Way of Happiness*(Oakland, CA: New Harbinger

Publications), p. 13.

19 Veronica Ray, *Choosing Happiness: The Art of Living Unconditionally* (Centre City, MN: Hazelden, 1991), p. 10.

20 Seligman, *Authentic Happiness*, p. 96.

21 Eric G. Wilson, *Against Happiness* (New York: Farrar, Straus and Giroux), p. 25.

22 Wilson, *Against Happiness*, p. 28.

23 Seligman, *Authentic Happiness*, p. 8.

24 Seligman, *Authentic Happiness*, p. 129.

25 Ehrenreich, *Smile or Die*, p. 153.

26 Ehrenreich, *Smile or Die*, p. 157.

27 Ehrenreich, *Smile or Die*, p. 158.

28 Cited in Matthew Stewart, 'The management myth', *Atlantic Monthly*, June 2006, p. 81.

29 Stewart, 'The management myth', p. 81.

30 Shawn Achor, *The Happiness Advantage: The Seven Principles of Positive Psycology That Fuel Success and Performance at Work* (New York: Virgin Books, 2010), p. 4.

31 Achor, *The Happiness Advantage*, p. 4.

32 Gerald E. Ledford, 'Happiness and productivity revisited', *Journal of organizational Behavior*, 20(1), 1999, p. 26.

33 Ledford, 'Happiness and productivity revisited', p. 27.

34 As described in Daniel Kahneman and Alan B. Krueger, 'Developments in the measurement of subjective well-being', *Journal of Economic Perspectives*, 20(1), 2006, pp. 3—24.

35 Sigmund Freud, 'A difficulty in the path of psycho-analysis', *The Standard Edition of the Complete Psychological Works of Sigmund Freud, Volume XVII, 1917-1919* (London: Vintage, 2001), p. 141.

36 Giorgio Agamben, *Profanations* (New York: Zone Books, 2007), p. 20.

37 Bruckner, *Perpetual Euphoria*, p. 113.

38 PM Speech on Wellbeing, 25 November 2010: https://www .gov.uk/government/speeches/pm-speech-on-wellbeing.

39 Philip Brickman, Dan Coates and Ronnie Janoff-Bulman, 'Lottery winners and accident victims: Is happiness relative?', *Journal of Personality and Social Psychology*, 36(8), 1978, pp. 917—27.

40 Brickman et al., 'Lottery winners and accident victims', p. 925.

41 Personal Well-being in the UK, 2011/12 and 2012/13: http:// www.ons.gov.uk/

ons/rel/wellbeing/measuring-national-well -being/personal-well-being-in-the-uk.2012-13/sty-personal -well-being-in-the-uk.html/.

42 'ONS well-being report reveals UK's happiness ratings', BBC, 24 July 2012. http://www.bbc.co.uk/news/uk-politics -18966729.

43 Tracy McVeigh, 'David Cameron measuring "wrong type of happiness"', *Guardian*, 10 April 2011.

44 McVeigh, 'David Cameron measuring "wrong type of happiness"'.

45 Rhonda Byrne, *The Secret* (New York: Atria Books, 2006), p. ix.

46 Byrne, *The Secret*, p. ix.

47 Byrne, *The Secret*, p. 7.

48 Catherine Bennett, 'Only an idiot could take The Secret seriously. Yet Cameron seems to be following its tips to the letter', *Guardian*, 26 April 2007.

49 Byrne, *The Secret*, p. 6.

50 Ehrenreich, *Smile or Die*, p. 8.

51 As cited in Victoria Moore, 'It's become the fastest-selling self-help book ever, but is The Secret doing more harm than good?', *The Daily Mail*, 26 April 2007. Part of this quote is found in Ehrenreich, *Smile or Die*, p. 205.

52 Bruckner, *Perpetual Euphoria*, p. 3.

53 Bruckner, *Perpetual Euphoria*, p. 19.

54 Bruckner, *Perpetual Euphoria*, p. 18.

55 Zupančič, *The Odd One In*, p. 63.

56 Pierre Bourdieu, *The Social Structures of the Economy* (Cambridge: Polity, 2005), p. 185.

57 Lauren Berlant, *Cruel Optimism* (Durham, NC: Duke University Press, 2011).

58 Terry Eagleton, 'What would Rousseau make of our selfish age?', *Guardian*, 27 June 2012.

59 As cited in Simon Critchley, 'Happy like God', *The New York Times*, 25 May 2009.

60 Robert Nozick, *Anarchy, State and Utopia* (New York: Basic Books, 1974), p. 42.

61 Bruckner, *Perpetual Euphoria*, p. 34.

62 This example is from Bruckner, *Perpetual Euphoria*, p. 115.

63 Mark Fisher, *Capitalist Realism: Is there No Alternative?* (London: Zero Books, 2009).

64 David Gritten, 'Shame: Steve McQueen interview', *The Telegraph*, 14 January 2012.

65 Slavoj Žižek, *The Parallax View* (Boston: MIT Press, 2006), p. 310.

66 Žižek, The *Parallax View*, p. 311.

4장. 선택 받은 삶

1. Cited in Christopher Hitchens, *Hitch 22: A Memoir* (New York: Atlantic, 2010), p. 330.
2. Harry Freedman, 'Tips to help you stay positive while jobhunting', *Guardian*, 24 May 2013.
3. John Domokos, 'Jobcentres "tricking" people out of benefits to cut costs, says whistleblower', *Guardian*, 1 April 2011.
4. Domokos, 'Jobcentres "tricking" people out of benefits to cut costs, says whistleblower'.
5. John Domokos, 'Government admits Jobcentres set targets to take away benefits', *Guardian*, 8 April 2011.
6. Patrick Wintour and John Domokos, 'Leaked Jobcentre newsletter urges staff to improve on sanctions targets', *Guardian*, 25 March 2013.
7. John Domokos and Patrick Wintour, 'Jobcentre "scorecard" shows how areas are performing on stopping benefits', *Guardian*, 28 March 2013.
8. Domokos, 'Jobcentres "tricking" people out of benefits to cut costs, says whistleblower'.
9. Ofer Sharone, *Flawed System, Flawed Self: Job Searching and Unemployment Experiences* (Chicago: University of Chicago Press, 2014), p. 27.
10. Ronald W. McQuaid and Colin Lindsay, 'The concept of employability', *Urban Studies*, 42(2), 2005, pp. 197—219.
11. McQuaid and Lindsay, 'The concept of employability'.
12. Jamie Peck and Nikolas Theodore, 'Beyond "employability" ', *Cambridge Journal of Economics*, 24(6), 2000, pp. 729—49.
13. 'From welfare to workfare', *The Economist*, 27 July 2006.
14. Conor Burns, 'Margaret Thatcher's greatest achievement: New Labour', 11 April 2008: http://conservativehome.blogs.com/ centreright/2008/04/making-history.html.
15. Sharone, *Flawed System, Flawed Self*, p. 39.
16. Duncan Mathison and Martha I. Finney, *Unlock the Hidden Job Market* (Upper Saddle River, NJ: FT Press, 2010), p. 150.
17. Mathison and Finney, *Unlock the Hidden Job Market*, p. 150.
18. Mathison and Finney, *Unlock the Hidden Job Market*, p. 150.
19. Sharone, *Flawed System, Flawed Self*, p.71.
20. Andrew Ross, *Nice Work If You Can Get It* (New York: New York University Press, 2010), p. 6.
21. Ross, *Nice Work If You Can Get It*, p. 5.

22 Southwood, *Non-Stop Inertia*, p. 59.

23 Lucy Tobin, 'Job hunting: Forget a CV, you need the X factor', Guardian, 11 December 2011.

24 Eigil Söderin, 'Välkommen till autionsamhallet', *ETC*, 1 November 2011.

25 Malcolm Gladwell, 'The talent myth', *The New Yorker*, 22 July 2002.

26 Klint Finley, 'The quantified man: How an obsolete tech guy rebuilt himself for the future', *Wired Magazine*, 22 February 2013.

27 Finley, 'The quantified man'.

28 Gary Wolf: http://quanitifiedself.com/.

29 'Counting every moment', *The Economist*, 3 March 2012.

30 April Dembosky, 'Invasion of the body hackers', *Financial Times*, 10 June 2011.

31 Dembosky, 'Invasion of the body hackers'.

32 Mirowski, *Never Let a Serious Crisis Go to Waste*, p. 105.

33 Mirowski, *Never Let a Serious Crisis Go to Waste*, p. 108.

34 David Asprey, 'How self-tracking can up-grade your brain and body', *Narrative*: http://blog.getnarrative.com/2013/04/ how-self-tracking-can-upgrade-your-brain-and-body/.

35 Tim Ferriss, *The 4 Hour Body: An Uncommon Guide to Rapid Fat-Loss, Incredible Sex and Becoming Super-Human* (New York: Crown, 2010).

36 Steven Poole, 'Why the cult of hard work is counter-productive', *New Statesman*, 11 December 2013.

37 Poole, 'Why the cult of hard work is counter-productive'.

38 Evgeny Morozov, *To Save Everything Click Here* (New York: Public Affairs, 2013), p. 273.

39 David Oakley, 'Hedge funds turn to psychology software to revolutionise trading', *Financial Times*, 15 September 2013.

40 Gilles Deleuze, 'The postscript on the societies of control', *October*, 59, 1992, pp. 3–7. p. 7.

41 Mark Moschel, 'The beginner's guide to quantified self (plus, a list of the best personal data tools out there': http://technori .com/2013/04/4281-the-beginners-guide-to-quantified-self -plus-a-list-of-the-best-personal-data-tools-out-there/.

42 Nikil Saval, 'The secret history of life-hacking', *Pacific Standard*, 22 April 2014.

43 Finley, 'The quantified man'.

44 Crary, *24/7*, p. 46.

45 Susie Neilson, 'When a relationship becomes a game', *The Atlantic*, 8 August 2013.

46 Jemima Kiss, 'Turn chores into a game, with EpicWin', *Guardian*, 23 August 2010.

47 This is how Noam Chomsky put it in a talk, available on Youtube 'Noam chomsky

vs B.F. Skinner. See also Noam Chomsky, 'The Case Against B.F. Skinner', *The New York Review of Books*, 30 December 1971.

48 As cited in David H. Freedman, 'The perfected self', *The Atlantic*, 21 May 2012.

49 Freedman, 'The perfected self'.

50 Alice E. Marwick, 'Your data are being deeply mined', *The New York Review of Books*, 9 January 2014.

51 Marc Augé, *Non-Places: Introduction to an Anthropology of Supermodernity* (London: Verso, 1995).

52 Andrew Ross, 'A capitalist's dream', *London Review of Books*, 19 May 2011.

53 Ofer Sharone, 'Constructing unemployed job seekers as professional workers: The depoliticizing work-game of job searching', *Qualitative Sociology*, 30(4), 2007, p. 412

54 Don Peck, 'They're watching you at work', *The Atlantic*, 20 November 2013.

55 Zygmunt Bauman, 'The self in a consumer society', *The Hedgehog Review*, 1(1), 1999, p. 40.

5장. 웰니스여, 안녕!

1 This was the title of a lecture series given by Ivan Illich, as cited in. Metzl, 'Introduction: Why "against health"?', p. 5.

2 Karl Ove Knausgaard, *A Man in Love. My Struggle, Vol. 2* (London: Harvill Secker, 2013), p. 518.

3 Rob Lucas, 'Dreaming in code', *New Left Review*, 62, 2010, p. 128.

4 Susan Sontag, *Illness as Metaphor* (New York: Farrar, Straus and Giroux, 1978), p. 33.

5 Sontag, *Illness as Metaphor*, p. 33.

6 Lucy Phillips, 'British staff far too busy for sick leave', *CIPD*, 25 September 2008.

7 Chris Land and Scott Taylor, 'Surf's up: Work, life, balance and brand in a new age capitalist organization', *Sociology*, 44(3), 2010, pp. 395—413.

8 Cited in Sontag, *Illness as Metaphor*, p. 46.

9 Cited in Sontag, *Illness as Metaphor*, p. 46.

10 Sontag, *Illness as Metaphor*, p. 47.

11 Barbara Ehrenreich, 'Smile! You've got cancer', *Guardian*, 2 January 2010.

12 James Nye, 'The weird world of a Heart Attack Grill girl', *The Daily Mail*, 16 October 2013.
13 Klein, *Eat Fat*, p. 22.
14 Irmgard Tischner, *Fat Lives* (London and New York: Routledge, 2012).
15 Anne Kirkland, 'Think of a hippopotamus: Rights consciousness in the Fat Acceptance movement', *Law and Society Review*, 42(2), 2008, pp. 397—432.
16 Kirkland, 'Think of a hippopotamus', p. 413.
17 Klein, *Eat Fat*, p. 25.
18 Tim Dean, *Unlimited Intimacy: Reflections on the Subculture of Barebacking* (Chicago: University of Chicago Press, 2009), p. 45.
19 Dean, *Unlimited Intimacy*, p. 19.
20 Dean, *Unlimited Intimacy*, p. 66.

나오는 말

1 Bruckner, *Perpetual Euphoria*, p. 231.
2 Zadie Smith, 'Joy', T*he New York Review of Books*, 10 January 2013.
3 Martha de Lacey, 'Forget the gym, try a four-hour rave before work: Could teetotal clubbing before breakfast be the kick-start your day needs?', *The Daily Mail*, 1 August 2013.
4 Martha de Lacey, 'Rave yourself fit! The aerobics dance class with a live DJ and plenty of glo-sticks', *The Daily Mail*, 27 August 2013.
5 Peter Fleming, *Resisting Work: The Corporatization of Life and Its Discontents* (Philadelphia: Temple University Press, 2014).
6 Smith, 'Joy'.

옮긴이의 말

모든 것이 내 마음가짐에 달려 있다는 환상

아들: 엄마, 가수 비 알지?

엄마: 응.

아들: 가수 비 하나만 챙기는 매니저를 네 글자로 하면?

엄마: 음…, 비 매니저?

아들: 땡! 비만관리!

엄마: (과장해서 웃어줘야 하는 타이밍) 푸하하하!

아들: 엄마, 근데 이게 왜 웃겨?

요즘 유머집 탐독 중인 초등학교 2학년 아들이 얼마 전 엄마를 웃기겠다는 일념으로 해준 농담이다. '비만관리'의 원래 뜻도 정확히 몰랐으니 엄마의 '웃픈' 반응까지 이해했을 리가 만무하다. 돌이켜보면 사춘기 이후 내 일생은 다이어트와 요요현상의 연속이었다. 그러다 대학생이 되어 다이어트가 여성의 몸에 대한 또 다른 억압이라는 여성학 비판을 접하면서, 다이어트에서 해방되기는커녕 이중의 죄책감에 시달리게 되었다. 그때부터는 다이어트를 몰래 하거나, 내가 살을 빼는 이유는 단지 정상체중으로 건강하게 살고 싶은 욕구 때문이지 억압이나 자존감 부족과는 거리가 멀다고 애써 합리화했다. 절식과 폭식을 오가며 몸이 망가진 것은 당연하고, 이제는 다이어트를 해도 살이 잘 안 빠지는 체질과 나이가 되고 말았다.

그렇게 막다른 골목에서 벗어나야겠다는 절박한 심정으로 기껏 찾은 게 자기계발서였다. 좋은 습관을 기르면 내가 원하는 좋은 사람이 되어 행복해질 수 있다고 약속하는 전형적인 자기계발서를 난생 처음 내 돈 주고 샀다. 살찌는 생활습관을 고치면 이 지긋지긋한 '비만관리' 체제에서 벗어날 수 있지 않을까 하는 희망을 품고, 뇌 회로에서 의심과 비판의 스위치를 잠시 꺼둔 채 꾸역꾸역 읽었다. 어느새 손목에는 활동량, 칼로리, 수면시간을 측정해주는 웨어러블 디바이스가 채워져 있었고, 일이 없는 날에는 개인 트레이너와의 약속을 지키러 동네 헬스장으로 무거운 발걸음을 옮겼다. 행복해지지는 않았다. 운동만 하면 느닷없이 존재론적 사색에 잠기긴 했지만 말이다.

그 와중에 이 책 번역을 시작하게 되었다. 공부와 마찬가지로 번역도 엉덩이로 하는 일이다 보니 진도가 안 나가면 안 그래도 억지로 하던 운동은 자연히 거르게 되고, 아이를 재우고 조용한 밤에 번역하는 게 제일 편하다 보니 수면 패턴도 자연히 엉망이 되었다. 그렇게 개인 트레이너와는 작별을 고했고, 웨어러블 디바이스는 서랍 한구석에 넣어두었다. 그리고 결정적으로, 생애 첫 자기계발서를 읽다 말았다. '푸짐한 아줌마'의 운명으로부터 나를 구하리라 기대했던 자기계발서로부터 이 책이 나를 구했다고나 할까?

내가 이해한 이 책의 핵심 논지는 신자유주의가 진화하면서 개인주의의 부정적 면과 결합하여 사회구조적 병폐까지 개인의 책임으로 돌리고, 사람들이 그 책임을 감당하면서도 억울해하기는커녕 행복해질 수 있다며 무한긍정을 외치는 데 자기계발서가 한몫한다는 것이다. 저마다 형편에 맞게 건강을 챙기며 행복을 꿈꾸는 평범한 사람들에게, 자기계발서는 몸을 더 갈고닦으며 몸이 하는 말을 경청하고 건강한 라이프스타일에 더 투자하면 행복해질 수 있다고 유혹한다. 하지만 이 책은 그렇게 자기 몸에 집착하며 자신의 상품가치를 높여 세상에 자신을 끼워 맞추는 것은 불행을 예약하는 길이라고 경고한다. 물론 유혹에 넘어가지 않는 사람도 많다. 문제는 웰니스 신드롬이 자기계발에 힘쓰지 않는 사람을 부도덕한 사람, 따라서 혐오해도 괜찮은 대상으로 만듦으로써, 자기 몸에만 몰두하는 사람에게 오히려 도덕적 우월감을 느끼게 해준다는 것이다. 담배를 끊은 사람이 흡연자를 더 야만인 취급하고, 다이어트에 성공한 사람이 뚱뚱한 사람을 은연중에 더 무시하지 않는가?

여기서 잠깐 번역서에 '웰니스 신드롬'을 그대로 외래어로 표기한 이유를 설명해야 할 것 같다. 사실 이 책의 원제가 《The Wellness Syndrome》이다. '웰니스'가 '웰빙'이나 '힐링'처럼 한국 사람에게 친숙한 단어가 아니라서 한국어판 제목은 《건강 신드롬》으로 했지만, 나는 '웰니스'가 풍기는 생소함을 그대로 두고 싶었다. '심신의 건강한 상태'라는 모든 생명체가 본능적으로 지향하는 지극히 자연스러운 상태가 어떻게 도덕적 지상과제이자 이데올로기가 되어 사람의 몸과 마음을 지배하게 되었는지를 다방면으로 분석한 저자들의 의도를 독자들도 의식하여 자연스러운 것을 낯설게 바라보길 바랐기 때문이다.

《건강 신드롬》은 한마디로 신자유주의가 어떻게 생명도덕으로 둔갑했는지를 파헤친 책이다. 각국의 시장을 개방하여 자본이 더 자유롭게 이동, 아니 고삐 풀려 날뛰게 해준 신자유주의가 이제는 행복해지고 싶은 인간의 본능을 이용하여 개개인의 몸까지 개방하고 있다고 비판하는 것이다.

신자유주의적 세계화를 반대하는 운동은 오래전부터 일어났다. 하지만 이제는 신자유주의적 세계화를 넘어 신자유주의적 '개인화'가 진행되고 있다. 신자유주의에 반대하는 사람들이 또 다른 세계가 가능하다고 외치며 대안을 모색하고 실천하고 있을 때, 신자유주의는 개인의 일상에 뿌리내려 개인의 몸을 지배하고 이 책에서 말하는 '신자유주의적 행위자'를 양산하기 시작한 것이다. 웰니스 신드롬이라는 형태로.

긍정주의와 결합하여 더 치밀하게 우리의 정신을 파고들어 우리의 자아상까지 흔들 만큼 신자유주의가 진화했다면, 더 치밀한 비판과 반대가 필요하지 않을까? 그런 생각을 하게 해준 게 바로 이 책이다. 덕분에 난 여전히 푸짐한 아줌마이지만, 적어도 살을 빼면 행복해질 거라는 환상은 없다. 오히려 살과의 전쟁보다는 나도 모르게 내 안에 뿌리내린 웰니스 신드롬과 전쟁을 치르겠다고 전의(?)를 가다듬는 중이다.

일상을 파고드는 신드롬인 만큼, 일상을 바꿔야 대응할 수 있을 것이다. 내 일상에서 가장 큰 비중을 차지하는 것은 사실 다이어트보다는 육아다. 아이를 훈육하는 과정에서 아이에게 긍정주의를 강요하진 않았는지 반성하게 된다. 아이가 짜증을 내거나 속상해할 때, 나는 아이의 감정을 인정하고 공감해주는 단계는 대충 넘어가면서, 이것은 짜증낼 일도 아니다, 누구의 탓도 아니다, 짜증낸다고 아무것도 해결되지 않는다, 그러면 너만 불행하다, 모든 상황은 네 마음가짐에 달려 있다고 설득하는 데 주력했다. 아이가 느끼는 부정적 감정을 빨리 없애주기에 급급했다. 아이의 짜증이 내게 옮는 게 싫기도 했지만, 부정적 감정을 차단하도록 돕는 게 행복해지는 법을 가르치는 길이라 믿었던 것 같다. 하지만 내가 차단한 것은 아이의 부정적 감정이라기보다는 비판적 사고를 익힐 기회는 아니었나 돌아보게 되었다.

물론 긍정주의 자체가 나쁜 것은 아니지만, 긍정해선 안 될 것까지 덮어놓고 긍정하는 자세는 위험하다. 나를 억압하는 외부요인까지 내재화하여 나만 노력하면 된다는 생각으로 살면 결국 나도 불행해지고 사회도 바뀌지 않기 때문이다. 책임도 마찬가지다. 책임감은 분명 덕목이지만, 내 책임이 아닌 것까지 덮어놓고 책임지거나 응당 누군가의 책임을 물어야 하는 상황에서도 가만히 있는 자세 역시 위험하다. 엉뚱한 사람에게 책임을 돌려 다 같이 불행해질 수도 있기 때문이다.

결국 비판을 통한 균형 찾기가 관건인 것 같다. 이제 겨우 아홉 살 된 아이에게 이해시킬 수 있는 개념은 아니지만, 아이가 남 탓(이라 쓰고 엄마 탓이라 읽는다)을 하거나 짜증을 내더라도 가끔은 그 부정적 감정을 원동력 삼아 스스로 비판을 통한 균형 찾기를 익히도록 지켜보고 지켜주겠다고 다짐해본다. 사실 나도 비판을 통한 균형 찾기가 평생 숙제지만…. 이래서 아이를 키우면서 부모도 함께 성장한다는 말이 있나보다.

이번에도 역시 절묘한 타이밍에 내 사고를 성장시켜준 책을 번역자로서 만나게 해준 민들레출판사에 제일 먼저 고마움을 전한다. 남편에 이어 아들까지 내가 하는 일에 관심을 보이고 응원해준 덕에 긍지를 가지고 번역을 무사히 마쳤다. 남편은 늘 그래왔듯 비판을 통한 균형 찾기를 생활 속에서 실천하는 본보기가 되어주었고, 아들은 넘치는 호기심으로 "엄마, 무슨 책 번역해?" 하고 묻는 통에 쉽게 설명해주면서 책의 핵심을 파악하는 계기가 되었다. 그런 가족에게도 고마움과 사랑을 전한다.

이 책의 한국어판은 신자유주의의 각양각색의 공세에 맞서 밀양에서, 강정에서, 광화문에서, 민영화와 비정규직화를 반대하는 모든 현장에서, 온몸으로 싸우고 계신 분들께 바치고 싶다. 그분들이야말로 꼭 건강하시길 간절히 기도하며.

건강 신드롬

1판 1쇄 2016년 8월 1일

지은이. 칼 세데르스트룀 · 앙드레 스파이서
옮긴이. 조응주
펴낸이. 현병호
편집. 홍미진, 장희숙
디자인. 임시사무소
제작. 상지사
물류. 비상
펴낸곳. 도서출판 민들레
주소. 서울시 성북구 보문로 34가길 24
전화. 02) 322-1603
메일. mindle98@empas.com
홈페이지. www.mindle.org

ISBN 978-89-88613-62-7 03330